한국 기독교 선구자
이수정

도서출판 진흥

한국 기독교 선구자
이수정

김수진 목사 지음

1883년 5월 도쿄에서 개최된 제3회 일본기독교대회에 참석한 이수정(앞줄 오른쪽 네번째)과 그에게 신약성경을 주었던 쓰다 센(앞줄 오른쪽 다섯번째), 도시샤대학의 창립자인 니지마 조(앞에서 두번째 줄 오른쪽 네번째)와 유명한 성서학자인 우치무라 간조(앞에서 두번째 줄 오른쪽 다섯번째), 그리고 중의원 의장을 지낸 유아사 장로(앞줄 오른쪽 세번째)이다.

한국 기독교 선구자
이수정

이 책을 _____ 에게 드립니다.

목차

머리말 — 8

1부 일본 기독교와 일본 근대화 — 13
1. 일본 근대화와 헵번 선교사 — 14
   1) 강제로 맺은 일·미화친조약
   2) 기독교 금지 해제와 선교의 자유
2. 대원군의 쇄국정책 — 23
3. 수신사들의 왕래 — 26

2부 임오군란과 이수정 — 31
1. 1차 신사유람단 파견과 안종수 — 32
2. 안종수와 쓰다 박사의 상면 — 34
3. 쓰다 박사란 인물 — 41
4. 임오군란과 이수정의 등장 — 46
5. 민비를 구해 낸 이수정 — 58
   1) 전라도 옥과 출신 이수정
   2) 2차 신사유람단과 비수행원 이수정
   3) 이수정과 쓰다 박사의 상면
   4) 이수정의 개종과 세례
6. 중국을 통한 기독교 전래 — 80
   1) 중국에서 로스 선교사와 의주 청년들의 개종
   2) 고려문 발견

3부 이수정의 선교사 유치 운동 — 93
1. 이수정 일본기독교대회에서 강연 — 94
2. 이수정과 우찌무라와의 만남 — 106
3. 성서번역과 루미스 선교사 — 112
4. 이수정 마가복음서 출간 — 113
5. 미국으로 서신을 보낸 이수정 — 123
6. 맥클레이 선교사 내한 — 132
7. 주일학교 운동 — 138
8. 강연과 저술활동 — 142

4부 니지마와의 상면 ─ 157
  1. 일본기독교대회에서 만난 니지마 ─ 158
  2. 일본을 탈출한 니지마 ─ 159
  3. 불교의 본산지에 도시샤(同志社)대학 설립 ─ 163
  4. 니지마와 이수정의 정담 ─ 166

5부 한국 기독교 선구자 이수정 순교와 입국한 선교사들 ─ 185
  1. 순교자 이수정 ─ 186
  2. 이수정을 순교자라고 증언하는 학자들과 일본인 목사 ─ 188
  3. 입국한 선교사들의 활동 ─ 193
      1) 알렌 의료 선교사
      2) 아펜젤러 선교사 부부
      3) 언더우드 선교사
      4) 스크랜턴 가(家)
      5) 헤론 의료 선교사
  4. 한국 기독교 선구자 이수정 ─ 214

부록
1. 참고문헌 ─ 218
    1) 국내자료
    2) 일본자료
    3) 영문자료
2. 연대표 ─ 222

머리말

내가 일본 유학을 하게 된 동기는 그간 일본을 가까운 이웃 나라이지만 너무나 먼 나라처럼 느껴 왔기 때문이다. 여기에 36년 간 우리나라에 자행했던 일은 상상할 수 없을 정도로 무자비한 일본제국주의 탄압이었다. 더욱이 내가 태어난 우리 고향 마을(전남 신안군 비금면 덕산리)에 서해안을 통해서 미군이 상륙한다는 정보를 입수한 이들을 저지하기 위해서 일본군 1개 연대가 우리 마을 뒷산에 부대가 진주하였고, 공회당 앞마당은 일본 병사들의 훈련장이 됐다. 매일같이 착검을 하고 사람 찌르는 연습을 수없이 반복했던 일을 본 기억이 있었기에 일본 군인들이 미웠고, 여기에 주일이면 비금 덕산교회 종소리가 그렇게 듣기 싫다면서 종까지 압수해 간 헌병은 더 더욱 미웠다.

그러나 중, 고등학교를 졸업하고 신학대학교에 진학하면서 일본을 미워하는 마음을 용서하는 쪽으로 갖게 됐다. 때마침 미국 남장로교회의 장학금을 받고 일본에 유학을 하게 됐다.

나는 그 무렵 연세대 도시문제연구소에서 도시목회를 담당하면서 창신동 도시빈민선교 간사 겸 연구원으로 재직하고 있었는데, 소장 노정현 박사의 권유로 일본 교토에 있는 도시샤(同志社)대학 신학박사 전기과정(신학석사 과정)에 유학할 수 있는 기회를 갖게 됐다. 1973년 8월 일본 교토에 있는 도시샤(同志社)대학 대학원에 가게 됐다. 이미 봄 학기가 지나갔기 때문에 가을 학기부터 입학 수속을 받고 수강신청을 한 후 수업을 받기 시작하였다. 가을학기에 개강한 수업이 역사방법론이었다. 후지지로 교수와 단둘이서 역사방법론을 함께 연구하였다. 그 외 시간은 청강을 하였다. 다행히 도히 교수의 "조선문제와 일본기독교"라는 과목이었다. 흥미가 있어서 그 과목을 청강하였다. 그 과목을 수강하고 있는 학생이 모두 4명이었고, 새로운 과목이었기에 열심히 청강하였다.

이때 일본이 기독교에 의해 근대화되었다는 사실을 알고 일본 기독교에 대한 관심을 갖게 되었고, 일본기독교사와 함께 한국기독교사를 열심히 연구하였다. 물론 한국에서도 이수정에 대한 이야기를 한국교회사 시간에 들었다. 그러나 일본에 가서야 비로소 이수정이 어떤 인물인가를 확실히 알게 되었고, 그 뒤 이수정에 대한 애착을 갖고 현재까지도 한국교회사와 한·일교회사 강의가 끝나면 방학을 이용하여 장로회신학대학교 신대원이나 대학원 학생들을 인솔하고 그를 추적하며 일본역사탐방을 시작하였다. 그러나 한국인들이 쉽게 읽을 수 있는 이수정에 관한 책이 없어서 늘 계획만 세워 놓고 있었다. 때마침 2005년 1월 11일에서 15일까지 한국기독교성지순례선교회(회장 박경진) 전문위원들을 인솔하여 이수정의 흔적을 찾아 나섰다. 이를 계기로 해서 누구든지 쉽게 읽을 수 있도록 책을 발간하자고 제의했고 회장 박경진 장로의 특별한 배려로 이를 기쁘게 수락하고, 그간 현장을 답사했던 관계로 자료를 많이 발굴하여 정리해 왔었다. 그동안 이 방면에 필생을 바쳐서 연구했던 일본 동경교회 오윤태 목사의 저서 『선구자 이수정편』을 참고로 하여 누구나 쉽게 접근할 수 있도록 이 책을 이야기 식으로 정리하여 세상에 내놓게 됐다.

특별히 볼거리와 읽을거리를 함께 만들기 위해서 사진을 많이 삽입하였고, 가능한 한 주(註)를 많이 생략하였으며, 그 대신 참고도서는 부록에 첨부하였다. 여기에 기록을 남기고 싶은 내용은 한국에서 이수정이 세례를 받았던 교회를 방문할 때마다 우리 일행을 극진히 영접해 주었던 시바교회(옛 노월정교회) 나가끼(稻桓德子) 전 목사와 새로 부임한 야모도(山本尙忠) 목사, 임역원들에게 감사를 드린다.

『한국 기독교 선구자 이수정』이란 책을 그가 순교한 지 120년이 된 해인 2006년 발행할 수 있도록 연구비를 지원해 준 박경진 회장과 전문위원, 도서출판 진흥 직원 여러분과 교정교열에 수고한 송현숙 선생에게도 감사를 드리면서 이만 인사의 말을 줄이려고 한다.

2006년 4월

한국 기독교 선구자
이수정

1부 일본 기독교와 일본 근대화

1부 일본 기독교와 일본 근대화

1. 일본 근대화와 헵번 선교사

1) 강제로 맺은 일·미화친조약

내가 일본 근대화의 요람지인 요꼬하마(橫浜)를 찾은 이유는 간단하다. 이수정이 신사유람단 비수행원으로 이곳에 도착하여 헵번

▲ 현대의 요꼬하마 항구

(J. C. Hepbun), 바라(J. Ballagh) 선교사들을 만났던 관계로 이 지역을 방문했다. 일본 유학 시절 요꼬하마 장로교회 도가(登家也世) 목사와 일본 최초로 설립되었던 요꼬하마가이칸교회의 여자 목사 오까다(岡田貴美子)의 안내는 참으로 감사했었다. 이들의 도움으로 한국 기독교와는 깊은 관계를 맺고 있는 요꼬하마와 가나가와 지역을 방문하게 됐다. 이후 계속해서 이수정 자료를 얻기 위해 도쿄와 요꼬하마, 교토를 20회 이상 답사했다.

▲ 요꼬하마 일・미화친조약 기념비

일본 요꼬하마가 세계에 알려지기는 1854년 3월 31일 일・미화친조약(日米和親條約)이 이루어지면서였고, 이때 일본이 비로소 문호를 개방하고 미국의 문화를 받아들이면서 자연히 기독교와 접목을 이루게 되었다. 이러한 기적이 일어나게 된 동기가 있다. 미국에서 몇 번이고 도꾸가와 막부정권(幕府政權)에 화친조약을 요구하였지만, 이럴 때마다 막부정권은 완강히 거절하였다. 이 무렵 미국 동인도함대 사령관 페리(M. Perry) 제독이 군함 10척, 대포 250문, 승무원 1,800명을 이끌고 와서 무력으로 막부정권을 위협하자 할 수 없이 막부정권은 일·미화친조약을 체결하게 됐다. 이 일로 인하여 미국의 해군 함대가 요꼬하마에 정착하면서 일본과 교역을 위해서 많은 미국 상인들, 외교관이 요꼬하마에 몰려들었다. (E. O. Reishuer, The Japanese, Cambridge, 1977)

이러한 사실을 알았던 미국 교회에서는 일·미화친조약이 이루어진 지 5년 후인 1859년 6월 19일 미국 성공회 소속 윌리암스(C. Williams) 선교사에 이어 같은 해 10월 18일 미국 북장로교 해외 선교부에서 헵번(J. C. Hepbun) 선교사를 비롯한 미국 개혁교회 브라운

▲ 요꼬하마 가이칸 교회를 설립한 바라 선교사

▲ 가나가와 성불사에서 일본 최초의 선교사들이 성서와 찬미가를 번역했던 장소

▲ 가나가와에 있는 종흥사 내에 헵번 선교사 기념비

(S. R. Brown), 벌벡크(G. Verbeck), 바라(J. Ballagh) 선교사 등이 파송을 받고 일본에 도착하였다. 이들이 머물 수 있는 여관 등이 없자 때마침 요꼬하마시 가나가와(神奈川)구에 자리 잡고 있는 성불사(成佛寺)와 종흥사(宗興寺)에 머물게 되었다. 당시 일본에서는 불교를 탄압하여 승려들의 생활은 참으로 비참하였다. 할 수 없이 절간에 칸을 만들어 방을 꾸며 여관업으로 얼마 동안 지냈다.

막부정권에서 여러 나라와 통상조약이 체결되었지만, 국내에서는 개국론과 양이론(攘夷論) 간에 서로 싸움이 일어나기 시작하였다. 이를 계기로 좌막파(佐幕派), 반막파(反幕派)와 격돌이 일어났다. 이미 약해

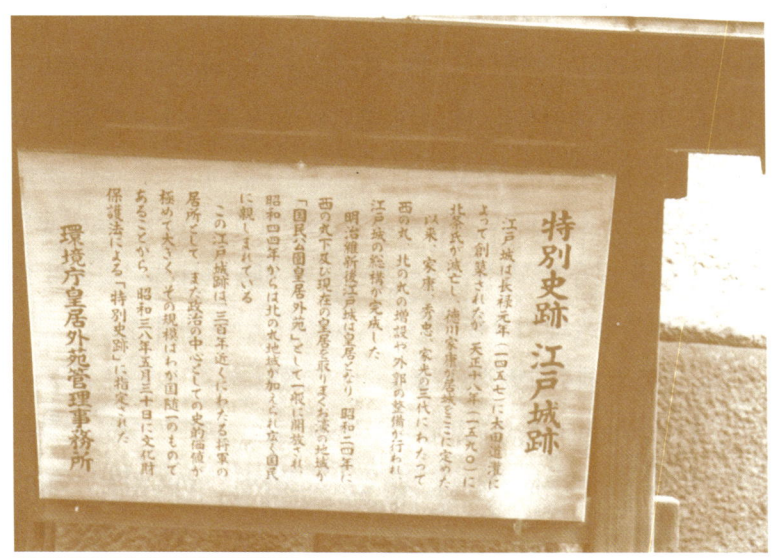

▲ 메이지왕이 천도했던 에도(동경)성의 유적지 안내문

진 막부정권 세력은 사스마(薩摩), 죠슈(長州)를 중심으로 일어난 막부 타도 세력에 의해 무너지고 말았다. 여기에 메이지유신(明治維新, 1868년)이 실현됐다. 새 정부는 왕정복고(王政復古)를 부르짖으면서 천황을 정점으로 하는 강력한 중앙집권을 형성하여 구미 열강의 압박으로부터 독립된 국가를 건설하는 데 힘을 쏟았다.(도히 아끼오, 일본프로테스탄트사, 37쪽, 도쿄 : 신교출판사, 1980, 김수진 역, 일본기독교사, 서울 : 기독교문사, 1990)

당시 일·미화친조약에 일본인을 상대로 기독교를 전할 수 있도록 허락이 되지 않았지만 막부정권의 세력이 약해지면서 선교사들이 자국민들의 신앙만 지도할 수 있는 기회가 오고 있었다. 그러나 뜻하지 않게 사스마와 죠슈를 중심한 천황군지지 세력들이 막부정권을 무너뜨리고, 1867년 6월 메이지 천황을 권력의 중심세력으로 형성하고 1868년 메이지유신을 단행하면서, 막부정권이 자리 잡고 있던 에도성(江戶城)으로 황실을 이동하고 도쿄(東京)라 부르게 됐다. 이러한 사건을 눈으로 보았던 선교사들은 언젠가는 기독교 선교의 자유가 있을 것을 믿고 성불사와 종흥사에 머물면서 일본인들의 협력을 얻어 성경과 찬미가를 번역하고 있었다. 한편 일본 정부는 일·미화친조약을 체결하였지만 정식으로 사절단을 보낸 일이 없었다. 그러나 선교사들이 하는 일에 감동받은 일본 메이지(明治) 천황은 1870년 3월 이와꾸라(岩倉具視)를 단장으로 하는 구미 시찰단에 천황의 전권을 주어 출발시켰다. 1년 6개월에 걸쳐 미국을 비롯해서 영국, 독일, 프랑스 등 많은 나라를 돌아보고 왔다. 이와꾸라 시찰단이 구미를 시찰하게 됐다는 말에 헵번 선교사는 더 열심히 기도하면서 성경번역에 힘을 쏟았다.

헵번은 의료사업뿐 아니라 장차 일본을 위한 선교사가 도래할 것을 믿고 일본어 성서 번역에 착수하였다. 흔히들 일본어로 번역되어 나왔던 성경을 헵번역이라 부르기도 하였다. 헵번역으로 마가전(1872년), 요한전(1872년), 마태전(1873년)이 알려져 있으며, 1876년에는 영화어림집성(英和語林集成)을 발간하였다. (小川圭治編, 日本人과 基督敎, 128쪽, 日本 : 三省堂, 1975)

헵번 선교사 부인은 일본 청소년들을 교육시키기 위해서 헵번숙(塾=헵번학원)을 설립하고 교육을 실시하면서 최초로 서양문화를 접할 수 있는 좋은 기회를 마련했다. 이 헵번숙이 발전하여 후에 바라숙과 통합하여 메이지학원대학(明治學院大學)이 되었다. 바라숙은 바라 선교사에 의해서 요꼬

▲ 최초로 도일했던 헵번 선교사

하마에 설립됐다. 막부정권이 무너지면서 그 후손들이 "우리가 살아남을 수 있는 길은 서양문화를 익히고 실력을 길러야 한다."며 바라숙에 입학하여, 바라숙은 서양문화와 기독교문화를 접할 수 있는 좋은 기회가 되었다. 그런데 매년 정초가 되면 선교사들은 바라숙에 모

여 기도회를 개최했다. 이때 바라숙에 다니던 학생들이 기도회를 위해 모인다는 소식을 듣고 그 옆을 지나가다가 일본과 자신들을 위해서 기도하는 내용을 듣고 바라 선교사를 찾아 갔다.

"선교사님, 선교사님들이 우리와 우리 나라를 위해서 기도하는데 우리도 같이 참여할 수 있는 기회를 주시면 감사하겠습니다."

이때는 일본에서 기독교 선교가 법으로 금지되어있었던 때였다.

"학생들은 아직 기독교에 참여하는 일이 법으로 금지되었기 때문에 여기에 참석할 수 없습니다."

"우리는 어떠한 핍박이 와도 꼭 이 기도회에 출석해서 일본의 발전과 우리의 앞날을 위해서 기도하겠습니다."

이때 바라 선교사는 이들에게 서약을 요구하였다. 모든 학생들이 순교할 각오로 서약을

▲ 일본 최초 개신교회인 요꼬하마가이칸교회

하고 기도회에 참석하여 함께 일본의 번영과 자신들의 문제를 놓고 마음껏 기도하였다. 이때 서약했던 그룹을 흔히들 일본교계에서는 요꼬하마 벤드(盟約)라고 부른다. 여기에 참여했던 학생들이 1872년 3월 첫 주일에 바라숙에 모여서 바라 선교사의 인도로 예배를 드리게 됐다. 이 사건으로 일본에서 최초로 설립된 교회를 요꼬하마가이칸교회(橫浜海岸敎會)라고 부르게 됐으며, 일본에 선교의 자유가 더욱 빨리 오게 되는 기적의 역사가 만들어졌다.

2) 기독교 금지 해제와 선교의 자유

이러한 소식을 들었던 메이지 천황도 할 수 없이 300여 년 동안 기독교를 탄압했던 금교고찰(禁敎高札)을 모두 철수함으로써, 일본은 신앙의 자유를 누리게 됐다. 그동안 가나가와에 있는 성불사와 종흥사에 오고가면서 선교사들이 일본어로 번역했던 성경과 찬미가를 사용할 수 있게 되었으며, 막부정권이 무너지면서 서양문화에 매력을 느끼고 바라숙에 다녔던 막부정권 자녀들이 모두 메이지학원대학 신학부에 진학하여 요꼬하마 벤드(盟約) 그룹을 형성하였다.

1873년 9월 톰슨(D. Tompson)과 오가와(小川義) 등이 도쿄에 최초로 도쿄교회(東京日本基督公會)를 설립하였다. 1974년 9월에는 루미스(H. Loomis) 선교사가 요꼬하마제일장로교회(현 시로교회)를 설립하는 등 각 지역에 교회가 설립되었다. 이와꾸라 구미 시찰단을 안내했던 니지마죠(新島襄)는 자유의 몸이 되었으며, 교쿄에 도시샤(同志社)영학교(현 도시샤대학)를 설립함과 동시에 서경교회(西京敎會, 현 도시샤교회)도 설립하였다.

이와 때를 같이하면서 1874년 11월에 윌리암스 선교사는 도쿄에 닛교대학(立敎大學)을 설립하고 인재를 배출하기 시작하였다. 그동안 중국에서 선교활동을 했던 미국 북감리교회 소속 맥클레이(R. S. Maclay) 선교사가 1873년 6월에 일본 선교에 동참하면서 일본에 기독교가 활기를 띠기 시작하였

▲ 1874년에 도일했던 미국 감리교회 맥클레이 선교사

다. 맥클레이 선교사는 일본에 도착하자마자 요꼬하마에 메도디스트신학교를 설립하고 이 학교가 후에 도쿄로 이사를 하여 그 유명한 아오야마학원(靑山學院)대학이 됐으며, 교계지도자를 많이 양성하였다. 기독교문화와 서양교육을 받았던 학생들과 교계지도자들이 많이 배출되면서 일본의 근대화가 가속화되었다. 혼다(本多庸一) 등은 국회개설 백서를 만들어 정부에 건의를 하는 등 교인들의 의식 수준이 보통이 아니었다.

내가 기독교를 믿게 된 동기는 우리 조국을 위해서였다. 우리 나라를 서구의 여러 나라와 비교해 볼 때 많은 차이점이 있음을 알았고 우리들은 조국을 선진 국가와 같은 수준으로 끌어올리기 위한 열망으로 기독교를 믿게 되었다. (도히 아끼오, 「일본프로테스탄트 기독교사」, 90쪽, 도쿄: 신교출판사, 1987, 김수진 역, 「일본기독교사」, 서울: 기독교문사, 1990)

기독교 금지활동이 해제되면서 일본에도 복음의 계절이 찾아오게 됐다. 미국 선교사들이 몰려오면서 미션 학교와 미션 병원을 세우게 되고, 이에 농촌의 청년들이 도시로 몰려오면서 도시 젊은 청년들과 함께 교회로 몰려와 기독교를 통하여 일본의 근대화를 촉진시키는 계기가 되었다. 이러한 소식이 조선에 들려오자 한국에서는 일본이 새롭게 발전하는 모습을 보고 와야 한다는 여론이 형성되었다.

더욱이 조선은 대원군의 쇄국정책으로 국가의 발전이라고는 찾아볼 수 없었다. 그러나 일본에 의식 있는 젊은 청년들이 모여서 서양의 민주제도와 인권이 살아 있는 것을 배워야 한다고 외치던 사람들은 모두 기독교 교인들이었다. 특별히 군마현(君馬縣)의 현의원인 유하사지로는 지방 관리 선출을 위해 선거를 해야 한다고 주장하였다. 더욱이 여성들에게는 공창제도를 만들어놓고 인격 이하의 사람으로 전락시키는 일은 인간으로서는 있을 수 없다 하면서 공창제 폐지운동을 전개하였다. 그리고 이미 혼다가 주장했던 국회가 1881년에 일본에 생겨나게 되었다. 또 언론의 자유가 있어야 한다면서 1881년 3월 동양자유신문을 창간하였다.

2. 대원군의 쇄국정책

조선에서는 고종이 12세의 어린 나이로 왕위를 계승하자 그의 선친인 대원군이 왕권을 장악하고 봉건왕조의 복구와 강화에 힘을 쏟

▲ 대원군 별장

▲ 천주교인을 탄압했던 대원군

았다. 더욱이 임진왜란으로 폐지되었던 삼군부(三軍部)를 다시 설치하여 문관과 무관의 권한을 분리시켰다. 그는 철저하게 외세의 힘을 최대한 억제하였으며, 그 단적인 예가 바로 1866년 천주교 탄압령을 내렸던 일이다. 이미 청나라를 드나들었던 사절단들이 천주학(西學)에 관한 많은 서적을 가지고 온 터라, 대원군은 서양의 새로운 학문을 연구할 수 있는 길을 철저하게 차단하고 나섰다. 이 일로 프랑스 신부와 천주교 신도들을 수없이 처형시켰던 일이 전국 각처에서 일어났다.

일본은 1854년 일·미화친조약을 체결함으로써 일찍이 서양문화를 접할 수 있었다. 그러나 조선은 정반대였다. 외국과의 교류가 없었기 때문에 세계가 발전해 가는 모습을 읽을 수 없었다. 여기에 대원군은 철저하게 고종의 왕권을 흔들림 없이 재확립하면서 전제정치를 실행하였다. 그러나 구미 열강들의 조선에 대한 관심은 더 많아지기 시작하였다. 더욱이 서로 무역하고 만날 수 있는 길은 항구를 통해서였는데, 정부에서 개항을 해야 외국 배와 외국인들이 자유롭게 드나들 수 있었다. 그렇게 할 수 있는 방법이 통상조약이었다.

일본도 막부정권 시절에 문을 굳게 닫았었지만 미국의 힘에 밀려 일·미통상조약이 이루어진 것처럼, 일본 또한 힘으로 조선의 개항을 몇 차례 시도하였지만 이 일이 이루어지지 않자 결국 일본에서는 조선에 대한 정한론(征韓論)이 대두되기 시작하였다. 일본 정부는 일본 사신 하나부사(花房義質)를 파견하여 군함 2척을 거느리고 경상도 동래에서 수교를 요청하였으나 동래지방장관의 완강한 거부로 실패하였다. 그러나 이와꾸라 시찰단이 구라파를 다녀온 후 정한논자들을 정계에서 배제하고 그 대신 부국강병책으로 조선침략의 시기를 노리고 있었다.

그러나 대원군은 일본에 대해서는 강경론을 주장하였던 것과는 달리 청나라에 대해서는 종래의 사대주의 관계를 맺고 있었기에 사건만 일어나면 청나라에 사신을 보내어 자문을 받아 왔다. 결국 청나라도 1860년에 서양의 여러 나라와 북경조약(北京條約)이라 하여 통상을 맺고 문호를 개방하였다. 한편 조선에서는 대원군의 학정으로 백성들이 더 이상 참고 견딜 수가 없어서 대원군을 탄핵하기에 이르렀다. 대원군이 정치 일선에서 퇴진했다는 소식을 접했던 일본은 부국강병을 앞세우면서 국력을 신장했던 터라, 마치 미국 해군제독이 군함을 앞세우고 무력으로 위협하여 통상을 맺으려했던 것처럼, 측량을 빙자하여 군함을 조선 근해에 파견하여 위협적인 시위를 행사하였다.

1875년 9월 운양호는 조선 서해안을 북상하면서 인천 앞바다 영정도에 이르렀다. 이들은 음료수 보급을 구실삼아 선장 이하 20여 명이 작은 배로 강화도 남단인 초지진(草芝鎭) 앞을 거슬러 올라 왔으나, 초지진을 지키고 있던 병사가 포대로 폭격을 가하자 황급히 도망가고 말았다. 다시 일본은 부산에 군함을 보내어 경상도 동래공관 밖에서 일본 군함의 함포시위로 또 한 차례 위협을 가한 일이 있었다. 이 일로 인하여 일본과 조선 사이에 무력 충돌이 오고가자 조선에서는 신중론자들이 의견을 모아 세계가 서로 통상조약을 맺는데, 가까운 일본과도 통상을 맺어야 한다면서 1876년 2월에 강화도조약을 조인하게 됐다.

　이 일로 대원군의 완강한 쇄국정책이 끝나고 민비의 손으로 구 권력이 넘어가면서 민씨들이 정권을 장악하게 됐다. 이 일로 인하여 일본은 조선에서 자신들의 입지를 확보하면서 항구마다 개항을 하여 일본인들의 진출이 조선에 두드러지게 나타났다. 이러한 일이 있기까지 이미 일본은 일·미수호조약에 의해 새로운 학문과 문화, 그와 곁들여 군사력까지 확장할 수 있는 힘을 기르고 있었다.

3. 수신사들의 왕래

　일본에 비해 조선은 군사, 정치, 전신, 철도, 기선, 농업, 경제, 문화, 교육 등 모든 면에서 뒤떨어져 있었다. 일본은 1871년 4월에 이와꾸라 시찰단을 북미와 유럽에 파견하였으며, 이에 앞서 미국을 비롯해서 구라파 여러 나라에 국비 유학생을 보내어 선진화된 모습을 보고 연구하게 하여, 그들이 귀국해서 일본을 근대화하는 데 큰 역할을 하게 했다.

이러한 사실을 뒤늦게 알았던 조선에서는 때늦은 감이 있었지만 일본 근대화를 배워야 한다는 여론이 일기 시작하였다. 이러한 일 때문에 국내에서는 개화파와 보수파 간의 갈등이 있었지만, 개화파들은 빨리 일본의 근대화된 모습을 배워야 한다면서 신사유람단이란 이름 하에 외교관을 일본에 보냈다. 또한 선진화된 일본을 배워야 한다는 이유 하나로 관비 유학생 30명을 선발해서 일본으로 보내게 됐다.

그러나 보수파의 반발은 대단하였다. 유학생들을 일본으로 보낼 것이 아니라 청나라로 보내야 한다고 강력하게 대원군에게 건의를 하였다. 대원군은 잠시 일선에서 물러났지만 청나라에 가서 선진화된 것을 배워야 한다면서 다시금 전면에 나서게 됐다. 할 수 없이 대원군의 힘으로 유생들이 앞장서자 우선 김윤식을 인솔자로 정하고 유학생을 선발하여 국기제조술의 기술을 배우기 위해서 중국 천진에 있는 천진기계국으로 파견하였다. 유학생은 모두 38명이었는데, 이중 양반 출신이 20명, 공장(工匠) 18명 모두 38명을 선발하여 화약, 탄약의 제조법을 위시해서 전기, 화학, 기계, 제도(製圖) 등 군기(軍器)와 관련된 기초과학 전반에 걸쳐서 학습을 받았다.

그런데 일본을 돌아보고 온 소장파 즉 개화파들은 청나라를 의지하려는 유생들과 과거 대원군의 세력을 좋게 여기지 않았다. 이 일로 조선은 개화파와 보수파가 서로 모략으로 일관해 오다가 결국 임오군란이 일어나게 됐다.

한국 기독교 선구자
이수정

2부 임오군란과 이수정

2부 임오군란과 이수정

1. 1차 신사유람단 파견과 안종수

조선은 1876년 일본과 강화도조약을 체결한 후 2차에 걸쳐 수신사(修信使)를 파견했으나 그것은 외교적 교섭에 불과하였다. 그러나 일본이 근대화되었다는 소식을 접한 조정에서는 1880년 12월에 일본의 근대문물을 수용할 기구를 만들고, 일본의 근대화를 조사하기 위해서 제1차 신사유람단을 보냈다. 그리하여 1881년 2월에 조준영을 단장으로 박정양, 엄세영, 강문형, 조병직, 민종묵, 이헌영, 심상학, 홍영식, 어윤중, 이원희, 안종수 등을 일본으로 파견하였다. 일본으로 건너간 이들은 일본 메이지유신(明治維新) 이후 일본의 근대화된 모습을 낱낱이 살펴보기 위하여 각 분야별로 나누어졌다. 더불어 수행원과 통역관 등 62명이라는 대 부대가 일본 정부의 초청으로 고베(神戶)에 잠시 머물렀다가 요꼬하마에 도착하여 기차(1872년 철도 개통)로 도쿄에 도착하였다. 여기에 도쿄와 오사카 간에 전신(1872년)

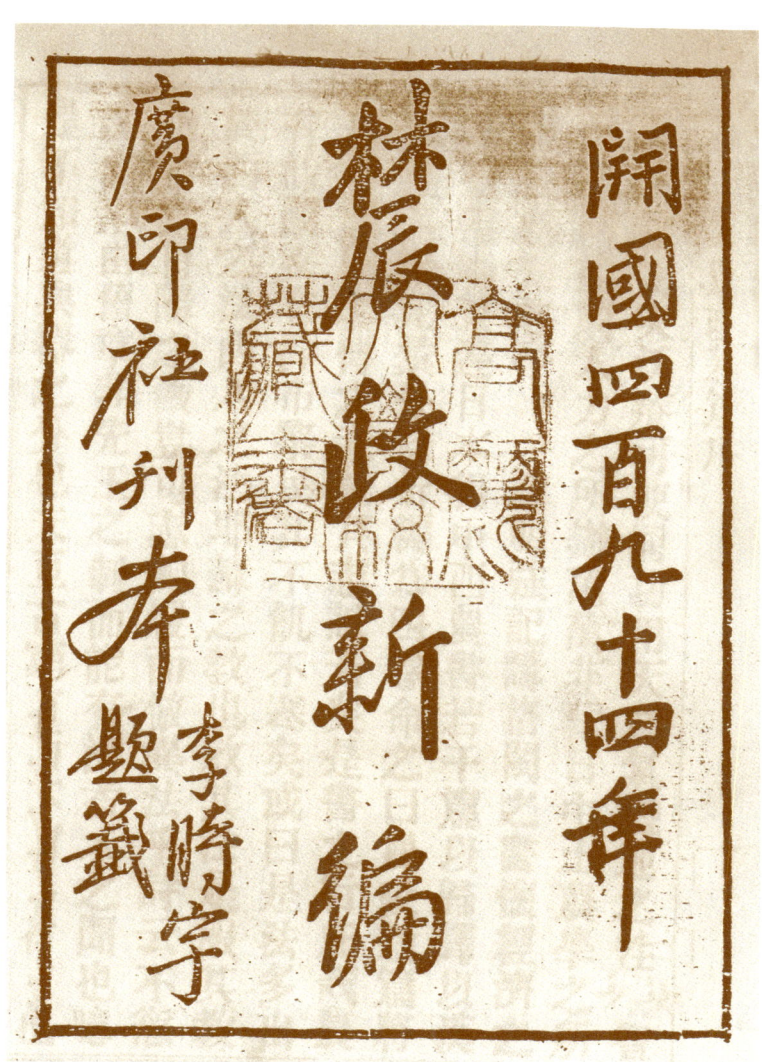

▲ 19C 선진농업기술을 소개한 안종수의 『농정신편』. 일본 농학자 쓰다센을 만나 저술했던 이 책은 규장각과 고려대 도서관에 각기 1권씩 보관하고 있다.

이 개통되었으며, 또 음력을 폐지하고 태양력을 사용하였다.

　　신사유람단 일행들은 말로만 들었던 기차를 타고 도쿄역까지 가는 길에 모두들 놀라고 말았다. 도쿄역에 도착한 신사유람단 일행들은 일본 정부의 안내를 받고 일본 정부의 수뇌들과 접촉하고 각기 분담하여 자세하게 조사를 하였다. 내무성, 농상무성, 외무성, 대장성, 문부성, 공부성, 육군성, 포병공장, 도서관, 박물관, 세관 등을 조사대상으로 삼아 74일 간에 걸쳐서 조사를 하고, 100여 책에 달하는 시찰 보고서와 견문기록으로 나누어서 책으로 발간하여 고종에게 보고하였다.

　　특별히 안종수(安宗洙)는 일본 근대농업에 대한 시찰, 그리고 일본의 유명한 농학자 쓰다센(津田仙)의 소개로 알게 된 것에 대한 자세한 보고와 자료를 농정신편(農政新編)이란 책으로 편찬하여 일약 유명인사가 됐다.

2. 안종수와 쓰다 박사의 상면

　　신사유람단의 일원으로 일본에 갔던 안종수(安宗洙, 1859-1896)는 조병직의 수행원으로 따라갔지만 일본 농무성 관리의 특별한 배려로 일본 농업계의 최고 권위자인 쓰다 박사를 만날 수 있도록 안내를 받았다. 안종수는 이미 쓰다 박사에 대한 정보를 알고 갔기 때문에 그는 쓰다 박사에게 전해 줄 선물을 가지고 갔었다.

"쓰다 박사님, 여기 작은 선물을 준비해 가지고 왔습니다. 받아주시면 대단히 감사하겠습니다."

"아니, 선물이라니요. 제가 선물을 받을 수 있는 그런 처지에 있지 않습니다. 지금으로부터 4세기경에 백제 나라 왕인 박사가 우리 일본에 유교문화와 한자를 전해주고 가르쳐 준 일에 대해서 얼마나 감사한지 모르겠습니다. 그런데 우리 일본 사람들이 그 은혜를 잊고 지금까지 살아왔는데 제가 감히 어떻게 받을 수 있습니까."

이때 안종수는 더 이상 권하지 못하고 준비했던 선물을 다시 짐보따리에 챙겨 넣고 천정만 바라보고 있을 때 쓰다는 말을 이어갔다.

"오늘 이렇게 일본에 오셔서 농업에 관한 기술을 배우러 오셨는데 제가 그 농업에 대한 정보를 줌으로 그 빚을 갚을까 합니다."

농업에 대한 정보를 가르쳐줄 줄 알고 있었는데 그는 엉뚱한 이야기를 하고 있었다.

"유교문화의 중심인물인 공자는 중국과 조선에서는 훌륭하다고 들 생각할는지 모르지만 공자의 빛은 호롱불과 같아서 겨우 방 안만 환하게 비쳐줄 뿐입니다. 지금 우리 나라 전체 어두운 길에 비쳐 준다는 것은 불가능합니다. 그러나 지금 우리 나라의 동쪽 하늘에서부터 솟아오르는 해가 있으니, 공자의 등불은 아무런 빛이 없습니다. 그러나 유대 땅 베들레헴에서 태어난 예수의 빛이 태양입니다. 일본이 이렇게 근대화된 것은 바로 기독교의 힘입니다."

쓰다 박사는 계속해서 말을 이어갔다. 바로 자신의 방에 있는 마태복음 5장 3절에서 10절에 있는 팔복 내용을 한자로 써 놓은 족자를 하나씩 설명하고 있었다. 그 내용을 살펴보면 다음과 같다.

> 첫째, 심령이 가난한 자는 복이 있나니 천국이 그들의 것임이요.
> 둘째, 애통하는 자는 복이 있나니 그들이 위로를 받을 것임이요.
> 셋째, 온유한 자는 복이 있나니 저희가 땅을 기업으로 받을것임이요.
> 넷째, 의에 주리고 목마른 자는 복이 있나니 그들이 배부를 것임이요.
> 다섯째, 긍휼히 여기는 자는 복이 있나니 그들이 하나님을 볼 것임이요.
> 여섯째, 마음이 청결한 자는 복이 있나니 그들이 하나님을 볼 것임이요.
> 일곱째, 화평케 하는 자는 복이 있나니 그들이 하나님의 아들이라 일
> 걸음을 받을것 임이요.
> 여덟째, 의를 위하여 박해를 받은 자는 복이 있나니 천국이 그들의
> 것임이라.

이 팔복이 한자로 쓰여 있기에 쓰다 박사는 유교의 논어와 비교해 가면서 한자로 설명하였다. 안종수도 한학자였기에 쓰다 박사의 필담 설명을 보면서 연방 고개를 끄덕끄덕하고 있었다. 안종수의 진지한 모습에 놀란 쓰다 박사는 왕인 박사가 전달해 주었던 옛날 논어를 보낸 은혜의 보답을 등불보다 훨씬 더 밝은 햇빛(日光)으로 보답하겠다면서 그 족자를 줄 뜻을 표시하였다. 조선에서 신사유람단 단원으로 왔던 안종수는 쓰다 박사의 설명에 그만 놀라고 말았다. 족자를 다 설명한 쓰다 박사는 안종수의 얼굴을 보고 너무나 기뻐서 그 족자를 말아서 선물로 주려고 하였다.

"쓰다 박사님, 성의는 참으로 감사합니다. 제가 이 선물을 갖고

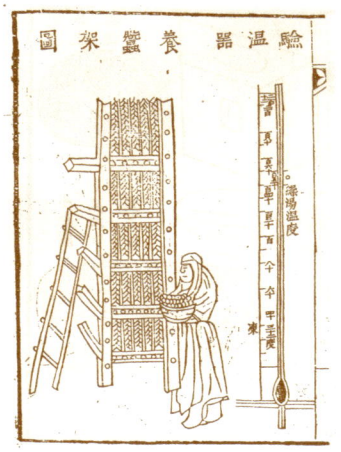
▲ 온도계와 양잠 창고

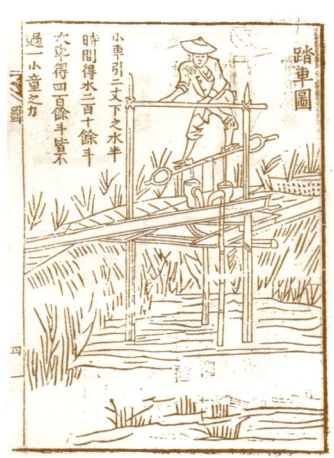
▲ 물을 끌어 올리는 답차도

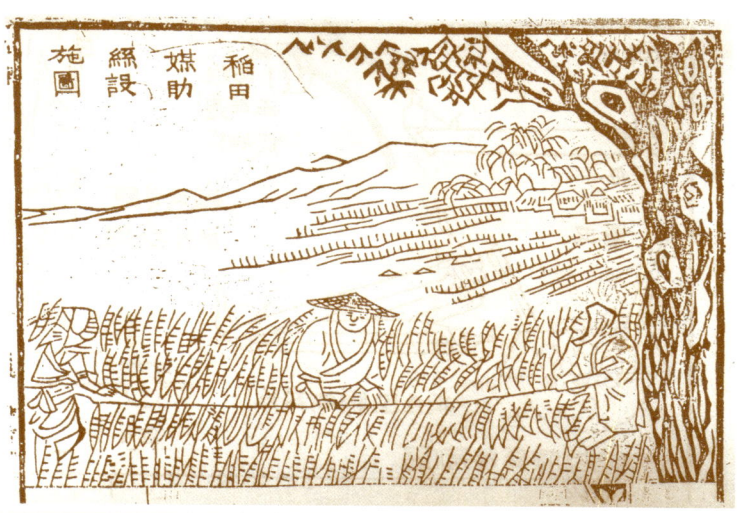
▲ 못줄을 사용한 모내기

귀국할 수가 없습니다. 만일 관헌에게 걸리는 날에는 저는 처형을 당합니다. 그 대신 제가 구두로 예수교는 덕이 있는 종교이며, 일본이 근대화된 이유를 자세하게 설명하고, 우리 조선도 하루 속히 선교의 자유를 줄 것을 청원할 결심이 서 있습니다."

이 말을 듣던 쓰다 박사는 얼마 있지 않으면 조선에도 복음이 들어갈 수 있다는 확신을 갖고 안종수의 말을 긍정적으로 이해했다. 이때 쓰다 박사의 머리 속에 얼른 생각이 떠올랐다.

'이럴 때는 기도를 더 많이 해야지.'

안종수는 계속해서 쓰다 박사에게 이런 내용의 이야기를 하였다.

"금번만은 제가 출국할 때에 예수교는 가지고 오지 않기로 서약하고 나왔으니 잠시 동안 선생의 집에 두시면 후일에 가지러 올 기회가 있을 줄 확신하니 그때까지 기다려 주십시오."

이렇게 부탁하고 다음과 같은 시 한 수를 지어 놓았다.

"덕을 심어 놓은 문중에는 길(吉)한 빛을 보았고(행복 된 빛을 보았고) 스스로 밭을 가르니 복이 밭에서 점점 성장합니다. 기쁨과 겸손한 마음으로 맞아주는 곳에서나마 내일 아침이면 피차에 다시금 먼 곳으로 헤어지는 쓰라림을 맛보지만 먼 훗날 조선에도 복음이 들어올 것입니다."

며칠간 쓰다 박사의 집에서 시간을 보냈던 안종수는 쓰다 박사의 인품에 너무나 많은 감동을 받았다. 그의 친절에 놀란 안종수는 귀국하여 그가 준 자료를 근거로 하여 농정신편(農政新編)을 발간하였다. 당시 조선은 농업이 주 산업이었기에 농업에 관한 한 그를 따라

갈 만한 인물이 없었다. 안종수가 엮은 농정신편은 조선에 있어서 최초의 근대적 농정신편이라 부르기도 하였다. 이 책은 한 권이지만 구성을 제1권, 제2권, 제3권, 제4권으로 나누어 편집하여 1885년 광인사(廣印社)에서 발간하였다. 농정신편은 안종수가 쓰다 박사로부터 소개받은 여러 농업관계 서적을 가지고 돌아와 번역하여 출간하였는데 이 책을 읽어 본 모든 사람들이 놀라고 말았다. 특히 근대과학을 토대로 한 식물학 또는 농화학적 지식을 인용하여 농사짓는 법을 소개하였다. 더욱 놀라운 것은 각종 작물의 꽃의 구조와 64종의 개량 농기구를 그림으로 풀이해 놓고 있었으며, 토양(土壤)의 물리화학적 조성, 각종 비료의 성질과 이용가치, 사용법 등을 논하였다. 작물의 재배법과 가공법 등도 다루었다.

또한 작물을 재배하는 목적에 따라 원예, 화훼 작물과 열매를 목적으로 하는 작물로 분류해 놓았다. 이 책은 최초로 서구의 농법을 도입한 것이며, 여기에 농업에 사용하는 기구까지 그림으로 그려서 발간했다. 이 책은 안종수가 직접 경험이나 실험을 통해 얻어낸 결과가 아니라는 데서 자신의 부족함을 인정하였으며, 전통적인 조선 재래 농업에 큰 자극을 주었을 뿐만 아니라 근대 서양 농법을 소개한 농업 기술서적으로서 큰 공헌을 하였다. 이 책은 현재 규장각과 고려대학교 중앙도서관에서 소장하고 있어 단 두 권만 남아 있다.

이후 안종수는 일생 동안 쓰다 박사의 은혜를 잊지 못하고 살았으며, 조선에 기독교가 들어왔을 때 쓰다 박사가 전해준 성경을 거절했던 일을 평생토록 후회하면서 살았다는 이야기도 있다. 안종수는 귀국 후 일본의 발전된 모습을 상세하게 기록한 문견사건(聞見事件)을 제출하여 개화정책에 큰 도움을 주었다. 통리교섭통상 주사로 있었으나 1886년 4월 11일 김옥균의 개화파로 성토되어 충청도 해미현(海美縣) 마도(馬島)에 정배되었다.

정변 뒤 보수파가 정권을 장악하자 개화사상을 가지고 있던 인사들에 대해서 여러모로 경계하고 있었는데 때마침 일본에 망명 중인 김옥균이 일본 정객과 결탁하여 본국을 침공한다는 소문이 떠돌았다. 신경과민이 된 정부 관리들은 이 소문을 듣자 암암리에 김옥균파에 동조했다는 죄명으로 안종수를 귀양 보냈다. 그러나 1894년 갑오경장 시에 비로소 석방되었고, 안종수는 개화파에 가담하여 지방관으로 임명받았다. 1895년 을미사변과 단발령을 계기로 하여 보수파의 선동으로 전국적인 의병이 일어나고 있을 때, 전라도에서도 의병대장 기우만(奇宇萬)의 지휘 아래 전라도 장성 이하 13개 고을이 휩쓸리고 있었다. 이때 안종수는 전라도 나주부 참서관(參書官)으로 있다가 피살당하였다. (이광린, 한국개화사 연구, 225-226쪽, 서울 : 일조각, 1969)

쓰다 박사는 안종수가 피살되었다는 소식을 접하고 못내 애석한 마음을 갖고, 예수를 영접하지 못하고 삶을 마감한 그의 죽음에 대해서 큰 충격을 받았다. 그리고 얼마동안 하나님을 원망하면서 그를 처형했던 그 지역에 복음이 확산되어서 축복 받은 땅이 되도록 열심히 기도하였다. 그리하여 쓰다 박사가 기도했던 대로 미국 남장로교 선교사들이 파송되어 전라도 장성 이하에 있던 고을마다 십자가를 높이

달고 이 지역 농촌운동에 앞장선 크고 작은 교회들이 많이 생겨났다.

3. 쓰다 박사란 인물

일본도 역시 농업이 주 산업이었기에 농업에 관해 관심이 많았다. 일본은 메이지 유신이 단행되면서 이미 300여 명의 젊은 청소년 유학생을 선발하여 구라파로 보낸 일이 있었다. 이들은 한 사람의 낙오자 없이 모든 과정을 마치고 귀국하여 일본 근대화에 큰 공을 세웠다. 이중 한 사람이었던 쓰다는 1837년 도쿄 교외 지바현에 있는 사꾸라(佐倉=나리따 공항에서 도쿄로 연결되는 게이선(京線) 전철역에서 가까운 곳이며, 이곳에 박물관이 있다.) 성에서 출생하였다. 그는 부호들이 운영하는 학교에 입학해 무술을 좋아하였다. 그 외 승마, 검술까지 열심히 배웠다. 네덜란드 문화가 일본에 유입되고 사꾸라 성에도 그 파장이 미치자, 개인이 운영하는 사숙(私塾)에 입학하여 네덜란드어와 영어를 배웠다. 젠(仙)은 사꾸라의 양자였으나 1861년 25세가 되었을 때 막부정권의 무사인 쓰다(津田榮七)의 사위로서 양자가 되어 쓰다(津田)라는 성을 갖게 됨으로 그 후부터는 쓰다 젠이라고 부르게 됐다. 쓰다는 1867년 막부정권의 관리로서 미국으로 군

▲ 쓰다 박사

함을 구입하러 가기 위해서 다른 관리들과 함께 워싱턴을 다녀온 일이 있었다. 그때 쓰다는 미국에서 6개월을 머물면서 미국의 발전된 모습을 보고 놀라고 말았다.

> 이 여행 중에 쓰다는 미국의 군사, 산업, 학술 등 모든 방면에 걸쳐서 깊은 감명을 받았는데 특별히 감탄한 것은 농업이 합리적으로 행해지고 있다는 사실과 국민은 만민평등이며, 아무런 귀천(貴賤)이 없다는 사실이었다.(오윤태, 일한기독교교류사, 79쪽, 도쿄 : 신교출판사, 1968)

쓰다는 미국의 발전된 모습을 보고 깜짝 놀랐다. 이러한 힘이 어디서 왔을까 곰곰이 생각하던 중 기독교의 힘이었음을 인식하게 됐다. 더욱이 자신의 딸인 쓰다 우매꼬(津田梅子)를 8세의 나이로 미국에 유학 보낸 일이 있었다. 우매꼬는 10년 후인 1873년 부활절 주일에 올드 스위즈교회 프린치프(O. Perinchief) 목사로부터 세례를 받았다. 이때 자신도 기독교로 개종해야겠다는 강한 의지를 갖고 있었다. 여기에 미국 여성들의 진보된 지위와 행복한 환경 등을 보고 크게 감동을 받았다. 딸에게 세례를 베풀었던 프린치프 목사와 대화하는 중에 질문을 던졌다.

"목사님, 아니 미국의 역사가 짧은데 이렇게 발전한 이유가 무엇입니까?"

"쓰다 씨, 그건 기독교의 프런티어적인 정신에서 온 것입니다. 쓰다 씨도 우리와 같이 교회에 출석해 봅시다."

쓰다는 이미 일본에도 신앙의 자유가 있음을 알았기에 그의 인도를 받고 처음으로 미국에 있는 교회에 출석하였다. 이때 그는 그들과 모여서 함께 찬송 부르고, 목사의 설교를 듣고 그만 놀라고 말았다. 교회에 출석한 교인들의 단정한 몸가짐과 이발하여 잘 정돈된 머리는 보기에도 좋았다. 이에 자극을 받았던 쓰다는 6개월 간의 모든 일정을 마치고 샌프란시스코에 잠시 머물면서 시내를 돌아보았는데 '상투'를 하고 다닌 사람을 한 사람도 보지 못하였다면서 자신의 '상투' 머리를 잘라서 일본으로 가는 상선 편에 본가로 보냈다.

'상투'를 받은 부인은 크게 낙심했고 온 동리 사람들의 조롱거리가 되었다. 그 후 쓰다는 일본으로 돌아왔는데, 그때 같이 갔던 관리들은 모두 머리를 짧게 자르고 신사복을 입고 중절모를 쓰고 돌아왔다. 이러한 일이 있은 지 4년이 지난 1871년 일본에도 단발령이 내렸고, 영어까지 배웠던 것은 일본을 선진화하는데 큰 기여를 할 수 있는 좋은 기회가 됐다. 그가 미국에서 크게 감명을 받았던 일은 모든 사람들이 평등하게 살고 있다는 것이었다.

쓰다의 미국 여행은 참으로 유익하였다. 특히 농업을 학문적으로 정리하여 그 넓은 대륙에 널려 있는 농토를 잘 관리하는 것을 보고 참으로 잘 왔구나 하는 생각을 몇 번이나 하면서 다녔다. 쓰다가 귀국할 무렵 핫숀(H. Hartshorene) 박사로부터 그의 저서인 의학서를 한 권 선물로 받았다. 때마침 자신의 친구가 그 책을 번역하겠다고 하기에 허락하였더니, 1867년 일본에서 '내과개요'라는 제목으로 출판되어, 이 의학 서적이 일본에서 엄청나게 팔렸던 일이 있었다. 핫

숀 박사가 후에 일본에 왔을 때 쓰다의 딸이 쓰다영어학교(현 쓰다대학)를 설립할 때 경제적으로 많은 지원을 했다는 이야기가 있다.

쓰다가 귀국한 지 얼마 안 되어 메이지유신으로 정치적 변화가 오자 쓰다는 막부정권에서 관직을 정리하고 1869년 치꾸지(築地)에서 호텔 경영을 했는데, 이 호텔에는 주로 외국인들이 많이 투숙하였다. 이러한 관계로 쓰다는 미국 호텔에서 많이 사용하는 신선한 야채 요리를 만들어 제공하여 이름난 호텔을 운영했다.

쓰다는 1873년 금교고찰(禁敎高札)이 해제되던 해에 농학을 연구하기 위해서 오스트리아 수도 빈에서 개최하는 만국박람회에 참가해서 네덜란드 농과대학의 농학자 후이브랭크(Daniel Hooibrenk, 荷衣白蓮)를 만나 그의 제자가 되었다. 그는 대학의 부설 농업연구소 연구원으로 농과대학에서 최신 학문을 터득하였다. 모든 과정을 마친 그는 농학박사 학위를 받았을 뿐만 아니라 네덜란드에서 기독교의 귀한 복음을 접하고 진실한 크리스쳔이 되어 귀국하게 됐다. 한 손에는 성경책을 들고, 다른 한 손에는 농학박사 학위를 들고 일본 땅에 도착하였다. 이미 출국 전에 기독교 선교가 일본 천황으로부터 허락되었던 때라 쓰다는 네덜란드에서 또 다른 세계를 발견하고 왔다.

쓰다는 빈의 만국박람회에서 세계 각국어로 번역된 성서의 수효가 적어도 250개국 이상은 되리라고 판단하며 놀라워 했다. 그는 이와 같이 세계에 널리 퍼져 있는 기독교는 반드시 훌륭한 것임에 틀림없으리라고 생각하여 귀국하면 기독교를 배워보리라고 결심하였다.(1908. 5. 2,

護敎, 875호)

또한 그들의 너무나 검소하고 청렴한 생활에 놀라고 말았다. 그가 후에 알았지만, 이것이 바로 청교도적인 신앙임을 깨닫고 더욱 빨리 기독교로 개종하겠다는 결심을 갖게 되었다.

드디어 귀국하여 1876년 1월 26일 도쿄에서 활동하는 미국 감리교 선교사 소퍼(J. Soper) 목사로부터 전 가족이 신앙고백을 하고 기독교로 개종하였다.(關丘要八, 恩師소퍼博士, 1938. 5., 東京)

특별히 소퍼 선교사로부터 세례를 받았지만 치쿠지교회의 탐슨 선교사의 지도를 받았기에 세례문답을 받을 때는 어려움 없이 통과하였다. 그의 신앙은 흠 잡을 곳이 없을 정도였다. 쓰다는 맥클레이 선교사와 함께 아오야마학원대학을 설립하는 데 일익을 담당하면서 일본에서는 빼놓을 수 없는 메도디스트 교파의 지도자가 되었다. 비록 그는 평신도였지만 천하만세(天下萬世)를 위하여, 또는 예수를 위하여 몸 바친, 예수 안에 있어서의 평민으로 통하는 사람이었다. 그의 인간미에 놀란 이수정은 큰 감화를 받고 그의 인격에 감복이 되어, 그가 전해 준 성경책을 받고 예수를 믿고, 한국 기독교의 선구자적인 인물로 훈련받을 수 있었던 것이다. 이수정은 쓰다의 인격을 통해서 예수의 모습을 발견하게 됐다.

쓰다는 낙후된 농업기술을 전수해야 하는 일과 이 일을 위해서 농학사(農學社)라는 도쿄농업학교를 설립하고 일본의 젊은 청년들을 불러 새로운 농업을 가르치고 있었다. 이러한 농학자를 만났던 것은 안종수에게는 큰 축복이었다. 그러나 안종수가 기독교에 대해서 큰 호감을 갖고 정부에 이야기하여 모든 백성들이 예수를 믿을 수 있도록 신앙의 자유를 건의하겠다고 하였지만 귀국 후 그의 기독교신앙에 대해서는 알 수가 없다.

4. 임오군란과 이수정의 등장

일본과의 강화도조약으로 개화정책을 쓰자 쇄국정책으로 일관해 왔던 대원군은 잠시 물러 날 수밖에 없었다. 대원군은 고종의 아버지로, 12세밖에 안 된 아들이 왕으로 자리에 앉자, 과거 안동 김씨로부터 천대받았던 터라 좋은 기회가 온 줄 알고 철저하게 반대 세력들을 제거하는 일에 힘을 쏟았다. 여기에 천주교회의 박해는 해가 갈수록 더욱 강화되었다. 또한 양반세력도 탄압하였다. 그리고 경복궁 중건과 강제 노역, 각종 이권에 관련된 토목공사의 과다한 요구, 임금의 지불을 연기하는 등 횡포로 백성의 원성은 곳곳에서 들려오고 있었다.

여기에 대원군은 민비의 세력을 견제하기까지 해야 했다. 그러나 민비의 세력도 시일이 갈수록 규합하게 되면서, 민비의 가까운 친척 민승호는 대원군에 대한 불평불만을 갖고 있는 사람들을 규합하고 나섰다. 민비 세력들의 힘이 규합되자 1873년 12세밖에 되지 않았던 고종은 대원군만 의지하고 있을 수 없었다. 민의를 잘 읽었던 대원군은 집권 수십년 만에 모든 권력을 포기하고 초라한 모습으로 경기도 양주로 낙향하여 은퇴하고 말았다.

강화도조약으로 1880년 8월 고종은 수신사란 이름으로 시찰단을 파견했다. 제2차 수신사 김홍집 일행이 일본을 시찰하고 귀국했을 때 주일 청나라 공사관 참사 황존헌이 저술한 『조선책략』이라는 책을 가지고 와 고종에게 전달하였다. 이 책 내용이 문제가 되자 일본을 반대하는 여론이 거세게 일어났으며, 한양에 거주하고 있는 모든 시민들은 불안하기가 그지없었다. 1881년 8월에 경기도 광주(廣州)에 있는 군부대 대장으로 재직 중인 이풍래의 밀고로 소위 민비를 제거하려고 하는 계획을 세웠다하여 대원군의 부하들을 모두 사형시켜버린 끔찍한 사건이 발생하고 말았다. 이 일로 인하여 민비와 대원군 사이에 감정이 극도로 대립하고 있었다.

> 1882년(임오년) 공전의 대 한재로 인하여 농촌이 피폐하게 되고 국고가 비어가게 됨에도 불구하고 궁정에서는 세자빈의 대향연이 성대하게 치러지고 있었으며, 거기에다가 신령군(神靈君)의 말을 절대로 신임하는 민비는 축하연, 제사, 기도에 백만 냥의 거액을 아낌없이 소비하였다. 또 이경하의 서자로 당시 명창인 이진보의 노래 한 곡에 3천 냥을 주는 어리석은 소행으로 말미암아 국민의 재산이 소모되는 것은 이루 말할 것이 없었다.(오윤태, 앞의 책, 51쪽)

2부 | 임오군란과 이수정

여기에 민비는 미신을 잘 섬겨야 백성이 복을 받는다면서 금강산 1만 2천 봉우리마다 산신령에게 제사상을 정성껏 차리게 하였다. 그 많은 쌀을 제사상으로 바쳤으니, 그 쌀은 가난한 백성들로부터 받아낸 쌀이었으며, 그렇지 않아도 가난한 백성들이 먹고 살아야 할 쌀을 금강산 봉우리마다 다 갖다 바쳐 버렸으니 백성들은 하루하루 살아가기가 보통 힘든 일이 아니었다. 여기에 나라를 지키기 위해서 훈련을 받고 있는 군인들의 월급까지 주지 못하자 군인들의 가족들이 얼마나 배고픈 삶을 살았겠는가. 이들에게까지 고통을 주었으니 가만히 있을 리 없었다.

나라를 지키는 군인에 대해서는 월급을 주려는 생각이 전혀 없었으며, 일본식 훈련을 받고 있는 군인들에게는 매월 월급을 지급하였다. 이렇게 정부에 속한 구식 군병들은 13개월이나 월급을 받지 못하였다. 이 일로 병사들의 처자까지 굶주리게 되자 그 배고픔의 부르짖는 원성이 하늘에 사무치지 않을 수 없어 한양의 공기는 험악해졌으며, 어떤 도화선만 접촉된다면 곧 폭발할 위기일발의 태세가 갖추어지고 있었다. 1882년 7월 23일 훈련도감(訓練都監)에서 훈련을 받고 있는 군인들에게까지 양식이 없어서 아침은 먹었을까 할 정도로 자신의 배를 만지면서 훈련을 받았던 군인들이 불평을 털어 놓고 하루하루 시간을 보냈다. 그런데 하루는 난데없이 200명 군인들에게 1개월분 배급을 준다는 소식을 전달받았다. 모두들 좋아 어찌할 줄을 몰랐다. 그리고 훈련도감부로 달려갔다. 훈련도감부에서 줄을 서서 기다리던 병사들은 폐하의 은혜로 생각하면서 즐거운 시간을 보냈다.

"우리 집에 오늘 우리 아버지 제삿날인데 우리 아버지께 쌀밥을 지어 올리게 됐으니 얼마나 기쁠까."

"우리 집은 오늘 우리 할아버지 제삿날인데 참으로 잘되었다. 그렇지 않아도 걱정했는데 얼마나 잘됐는지 모르겠네."

드디어 부대 식량배급담당관이 나타났다. 월급을 받은 군인들은 좋아서 그 쌀을 등에 짊어지고 단숨에 집으로 달려갔다. 그런데 밥을 하려고 쌀 포대를 열어보는 순간 놀라고 말았다. 이들은 혹시나 하고 이웃에 있는 군인 집에 달려가 보았다. 역시 똑같았다. 또 다른 군인 집에도 가 보았다. 아버지 제삿날이라고 말하는 그 군인 집에도 가 보았다. 마찬가지였다. 할아버지 제삿날이란 군인 집에 가 보았더니 보통 화가 나 있지 않았다. 그가 화를 내면서 즉시 훈련도감부에 가서 항의하자고 선동하자, 모든 군인들이 배고픔도 잊은 채 모여든 것은 바로 배급쌀에 모래를 섞어서 주었기 때문이다. 성난 군중이 어느새 200명이 되었다. 그리고 이 소문이 다른 부대 군인들에게까지 전달되고 말았다. 드디어 운현궁 앞에 수많은 군중이 모여들었다. 운현궁 앞에는 수천 군중이 모여 대원군의 출마를 요구했고, 운현궁 깊고 넓은 방에는 무영군(武營軍) 장순길, 김장손, 유춘만 등이 대원군의 특별한 지도를 받고 있었으며, 김태희, 허욱 등은 총지휘관으로 분노한 군인들을 선동하며, 김태희는 동별궁(東別宮)에 모였던 군인들 6천여 명을 3개 부대로 편성하라고 명령을 내렸다.

"제1대는 창덕궁을 습격하게 하고, 제2대는 일본 공사관을 습격하게 하고, 제3대는 친척 고관을 죽이고 돌아오라. 그래야 너희들이 살 수 있다."

분노한 군인들은 주로 하급군병으로, 대부분 한양의 빈민층이 많이 살고 있는 왕십리, 뚝섬 거주지역 출신들이 많았다. 빈민층에서 사는 사람들은 한양 변두리에 살고 있는 주민들로서 야채를 재배하거나 농토를 일구어 가면서 겨우 생계를 유지하고 있었는데, 이들에게 과중한 세금을 부과하여 많이 수탈해 가는 일에 늘 불만을 품고 있었다. 이들 하급병사들은 지휘관의 명령에 따라 제1대는 종로구 인사동에 거주하고 있는 대원군의 형인, 영의정(領議政)이란 벼슬을 갖고 있는 이최응을 체포하여 그 자리에서 무자비하게 칼로 찔러 죽이고 말았다. 이렇게 처참하게 죽였지만 분이 풀리지 않자 그가 살고 있는 집까지 불 질러 잿더미로 만들어 버렸으며, 이러한 광경을 본 가족들은 혼비백산하여 모두 도망치고 말았다. 다시 이들은 그 분한 마음을 갖고 의기양양하게 칼을 휘두르면서 안국동에 자리 잡고 있는 민씨 실력파의 한 사람이었던 민겸호 집을 습격하였지만 이미 그는 왕궁으로 피신하였기에 목숨만 겨우 살아남게 되었다.

그러나 칼을 뽑아 든 군인들은 그대로 참을 수가 없어서 집 안에 있는 물건들을 모두 밖으로 내어놓고 칼로 난도질하고 마지막에는 집도 불로 태워 버렸다. 이들은 다시 경기도 감사인 김보현의 집을 습격하여 역시 전부 태워 버렸다. 이러한 소식이 전해지자 하층민에 속한 사람들이 자원하여 군에 입대하여 민비에 대한 원한을 갖고 민비 세력들을 단칼에 처치하려고 하였다. 당시 대원군 파들 중 감옥에 구속된 인사들이 많았는데, 이들은 그 여세를 몰아 바로 그들이 갇혀 있는 한양감옥으로 달려가서 한양감옥을 접수하고 대원군 파에 속한 인사들을 모두 석방시켜 버렸다.

"빨리 나오세요, 세상이 바뀌었습니다. 다시 우리 대원군 어르신께서 국가 권력을 장악하였습니다."

"그 말이 정말이오, 빨리 나와 보면 알 것 아닙니까!"

"자, 창을 준비 했으니 빨리 들고나가시오."

이 일로 한양은 대원군 파에 속한 사람들로 가득 차 있었다. 그리고 대원군의 반대파들을 색출하여 닥치는 대로 창을 휘둘러 버렸다. 온통 피바다가 됐으며, 돈 있는 양반들은 앞날을 걱정하고 있었다. 다시 제2대를 이끌고 있던 대장이 일본군인으로서 조선 정부의 초청으로 훈련책임을 맡고 있는 교관 호리모도(堀本造)를 처단하러 가자고 하자, 모두들 큰 소리로 "호리모도를 쳐 죽이자!"고 외치면서 그의 숙소를 향하여 달려가고 있었다. 호리모도는 일본인이었기에 도망갈 만한 곳이 없었다. 할 수 없이 체포되어, 어느 병사가 칼을 뽑아 들고 단칼에 목을 쳐 죽이고 말았다. 다시 제3대는 3천 명의 군인들이 모여, 그중 어느 병사가 큰 소리로 외치고 있었다.

"서대문 밖에 있는 우리나라를 일본 속국으로 만들려고 계획을 세우고 있는 일본 영사관을 향하여 가자."

이 말에 동의할 필요조차 느끼지 않았던 제3대 병사들은 소리를 지르고 있었다.

"타도하자! 일본 공사 하나부사를!"

여기에 참여했던 병사들이 더 큰 소리를 내면서 '타도하자! 하나부사 공사!'를 외치자, 이 소리를 들은 하나부시는 겨우 옷만 입고 직원들과 함께 이들의 눈을 피해 한양 외곽으로 도피하였다. 이미 예감이나 한 듯 그 전날 밤에 비가 내리다가 폭우로 변하면서 이들의 마음을 더욱 불안하게 만들었다. 그러나 밖에서 들려오는 소리에 더 이상 머물 수 없었던 하나부사 공사는 직원들을 데리고 진흙탕을 밟으면서 피해가야 하는 불쌍한 사람들이 되고 말았다. 역시 습격을 하였지만 빈 집만 남아 있기에 불을 놓았지만 폭우로 인하여 내부만 다 타 버리고 집이라고는 구경조차 할 수 없을 정도가 되어 버렸다.

다시 이들 3천 명은 그 여세를 몰고 돈화문을 지나 창덕궁을 점령하였다. 이미 창덕궁을 지키고 있던 군인들은 모두 도망하고 없었기에 그곳에 숨어 있던 민겸호와 이보현 등을 단칼에 무자비하게 죽이고 말았다.

"여보시오, 나를 죽이는 것은 결코 국가에 덕이 되지 않으니 살려 주시면 여러분의 복지 문제를 잘 해결해 드리겠습니다."

"뭐? 복지 문제? 빨리 먹을 양식이나 내놔."

"내가 목숨을 걸고 그 문제를 해결하겠습니다."

소리를 외쳐댔지만 분노한 군인들의 그 마음을 달래기는 역부족이었다. 마지막 이들이 노린 인물은 대원군의 실권을 빼앗아 가버린 민비였다. 사실 고종의 아버지 대원군은 장기간 섭정을 했었지만, 민비를 비롯하여 그의 형제들이 대원군을 몰아냈으니 대원군을 지지한 군인들이 민비를 그대로 놔둘 리가 없었다.

"민비를 잡아 죽이자, 죽이자."

이렇게 소리를 지르자 3천 명이나 되는 군사들의 목소리는 어느새 민비의 안방까지 들려지게 됐다. 이미 한양 장안이 치안의 능력을 잃어버리자 고종은 대원군에게 모든 권력을 넘기었다. 대원군의 세력들이 일어나 민비를 살해하려고 한다는 소문이 자자하게 돌고 있었다. 이러한 유언비어 속에서 민비가 구출되었다는 여러가지 이야기가 있다.

> 민비가 재빠르게 궁녀(宮女) 차림으로 변장하고 대원군 부인의 도움을 받아 그의 가마를 타고 궁궐을 탈출한 일에 대해 기록이 남아 있다. 일본인의 기록에 의하면 민비가 궁녀복을 입고 도망할 때 폭동군의 포위를 받았다. 그러나 그 폭동군들은 민비의 얼굴을 알지 못함으로 실랑이를 하고 있을 때 그중 김성택이라는 병사가 나타나 담대하게 자신의 누이라고 소리치면서 업고 달아나 겨우 그들의 눈을 피해 경기도 장호원에 있는 민응식의 집으로 피신을 했다는 기록도 있다. (오윤태, 앞의 책, 53쪽)

이 기록은 김희명의 저서 『조선 왕조 초 근세사』에서 '흥선대원군과 민비'라는 항목을 이용한 내용을 소개하였다. 그러나 오윤태 목사는 또 일본에서 도쿄 교문관에서 1938년 발행했던 사나미의 저서 『우에무라와 그의 시대 제2권』에 기록된 내용을 살펴보면 이수정이 일본에 건너가 그곳에 머물면

▲ 일본 교계에 지대한 영향을 주었던 우에무라 목사

서 남긴 말을 인용하고 있다.

조선 사람 이수정이라는 분은 1882년(고종 19년, 메이지 15년, 임오년) 국내 소란 때에 민비를 옹호하여 천고만란(千苦萬難)을 헤치고 그를 시골로 숨겼는데 군란(軍亂)이 진정된 후 그의 공로가 인정되어 정부에서 특전을 베풀어 선략장군(宣略將軍)의 벼슬을 주었다는 이야기가 있다. (사나미, 「우에무라와 그의 시대 2권」, 577쪽, 도쿄: 교문관, 오윤태, 앞의 책, 54쪽)

언더우드 선교사는 1899년 7월에 자신의 서신에서 다음과 같이 말하고 있다.

이수정은 흔히 '리주데이'(Rijutei)라는 이름으로 알려진 조선의 선비인데, 조선 왕비의 목숨을 구해 주었던 일이 있어서 일본 방문 허락을 받을 수 있었다. 그리고 그는 일본에서 기독교를 받아들이게 되었다.(Rev. Underwood's Missionary Letters, 1899, 7.)

일본에서 이수정에 대해 루미스 선교사의 보고한 내용이 1883년 11월 미국에서 발행한 선교잡지인 〈The Missionary Review〉에 다음과 같이 기록을 하였다.

민비를 죽이려는 자가 왕비를 붙잡아 죽이려 했으나 실패했고 이수정의 구출과 보호로 숨었다가 그 숨었던 곳에서 승리의 개선으로 궁궐에

▲ 요꼬하마 외국인 공천묘지에 있는 루미스 선교사 묘비

출현했다고 일본에 있는 선교사 큐릭크가 보고했고 그 이수정(영어로는 이수정을 리주데이라 함)은 지금 미국성서공회 일본 주재 총무 루미스와 관계를 맺고 있다. (The Missionary Review, Nov. 1883.)

여하간 조선에서는 한양에서 대원군의 힘을 빌려 6천여 명의 군인들이 난을 일으켰으니 그 목적은 다시 대원군이 섭정하려고 하는 데 있었다. 이때 이수정의 역할을 구체적으로 이야기한다면, 군란을 일으켰던 군인들이 창덕궁으로 진입하여 민비를 살해하겠다는 말을 전해 들었던 이수정은 곧 궁궐로 들어가 지게와 발을 준비하여 민비를 그 지게에 싣고 짐처럼 가장하여 궁궐을 빠져 나오다가 궁궐 문지기의 검문을 하려고 하는 순간, "여기 거름이 나갑니다. 빨리 비켜주세요."라고 말해, 문지기는 이수정의 지게를 검문도 안하고 그냥 통과시키고 말았다.

2부 | 임오군란과 이수정

▲ 일본 주재 미국성서공회 총무 루미스 목사

▲ 루미스 선교사가 설립한 시토교회 (1874)

만일 그때 이수정의 지게에서 민비가 발견되었으면 민비와 함께 이수정도 그 자리에서 처형을 당했을 것은 뻔한 일이었다. 그러나 다행히 그곳을 빠져 나와 광나루에서 배를 타고 한강을 건넌 후 황산벌판을 지나 경기도 장호원을 거쳐 충청도 충주에 안착하게 됐다. 이 무렵 조정에서는 반란군을 진압하기 위해서 청나라 군인을 불러들여 왕권을 지키고 다시 대원군은 퇴각을 당하게 됐다. 이렇게 해 임오군란은 진압되었다.

"청나라 군인들이 와서 난을 일으켰던 군인들을 모두 진압했다고 소식이 왔습니다."

이 소식을 접했던 이수정은 민비의 환궁을 돕게 되었고, 민비는 가마를 타고 곧 충주를 떠나 한양에 입성하고 궁궐에 안착하게 됐다. 한양이 평정되기까지는 대원군이 청나라에 군사를 요청하여 나라를 안정시키게 됐다. 그러나 한양에서는 지난날 청나라로부터 엄청난 시달림을 받아왔던 과거를 생각해서 다시 대원군의 정권을 무너뜨리는 한편 백성들은 평정을 되찾고 다시 민비가 창덕궁에 자리를 잡으면서 나라가 겨우 평안하게 자리를 잡아가게 됐다.

▲ 창덕궁 전경, 사적 제122호, 서울 종로구 와룡동

5. 민비를 구해낸 이수정

1) 전라도 옥과 출신 이수정

이수정에 대한 자세한 행적을 찾을 길은 없으나, 일반적으로 공통된 점은 전라도 옥과현(현 전남 곡성군 옥과)에서 1843년 대학자 이병규의 장남으로 출생하였다는 점이다. 그의 큰아버지 이달규는 대원군의 천주교 탄압으로 수많은 아까운 생명이 예수를 믿는다는 이유 하나로 처형을 당하자, 대원군을 직접 찾아가 직언을 하였다. 이 일에 분노를 느꼈던 대원군은 즉시 이달규를 처형시킴으로 인하여 순교자의 가정이 됐다.

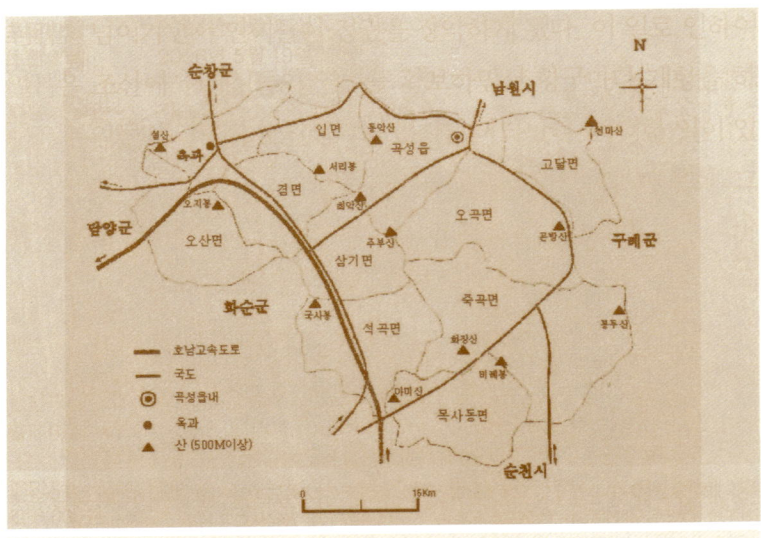

▲ 옥과현 지도사

많은 사람들이 그가 양반 가문에서 출생하였기에 연안 이씨, 평창 이씨일 것이라 추측하나, 또 한편으로는 이수정이 왕손의 가문에서 태어났을 것이라 하여 전주 이씨로 보는 사람들도 많이 있다. 그러나 이수정의 아버지 이병규는 일본 유학계에서 널리 알려진 학자였기에 이수정도 아버지를 닮아서 한학자임에 틀림없으리라고 말하고 있다. 순교자 전기를 저술했던 김요나 박사는 『순교자 전기 제1권』에 토마스, 이수정, 백홍준을 기록하면서 이수정에 대해서는 다음과 같이 말하고 있다.

> 이수정은 학문을 숭상하는 아버지 이병규의 영향을 강하게 받아 어릴 때부터 이 방면에 소질을 나타내었다. 서당에서 최초로 배우는 천자문을 줄줄 외워 버리는가 하면 그 다음에 배울 계몽편, 동몽선습(童蒙先習), 격몽요결(擊蒙要訣), 명심보감(明心寶鑑) 등을 훈장의 가르침에 따라 잘 익혀갔다. (김요나, 「순교자전기1권」, 195쪽, 서울: 대한예수교장로회총회, 1995)

머리가 명석하여 옥과현에서는 신동(神童)이 났다 할 정도였고, 학문에 소질과 노력이 잘 어울려 실력이 날로 더욱 향상되어 갔다. 그의 부친은 그를 향교(鄉校)로 보내어 한학을 이수한 후 과거시험을 치를 수 있도록 최선의 뒷바라지를 해 주었다. 그는 전라도 옥과현에서 실력을 연마한 다음, 과거시험에 응시하러 한양으로 갔다. 그는 문과에 당당히 합격하고 고향에서 합격통지만을 기다리고 있었는데 어떤 사람이 한양에서 왔다하면서 이수정을 찾고 있었다.

"아니, 무슨 일로 이수정 씨를 찾으십니까?"

"옥과 이수정이 과거시험에 합격했다는 통지서와 빨리 한양으로 입성하라는 통지를 가지고 왔습니다."

이 말에 귀가 번쩍 뜨인 사람들이 이수정을 찾아 한양에서 온 통신원에게 소개를 해주자, 그는 무슨 큰 봉투 하나를 전해 주고 그 길로 한양을 향해 빠른 발걸음으로 달려갔다. 한양에서 온 통신원의 서류를 받은 이수정 가정에는 큰 잔치가 벌어졌다.

"내일은 우리 집에서 과거시험 합격 축하 행사가 있습니다. 음식도 많이 준비해 놓을 테니 오셔서 즐겁게 많이 잡수세요."

이 소식이 어느덧 옥과현에 퍼졌고, 옥과현에 살고 있는 사람들이 이수정에 대해서 칭찬하고 나섰다.

"역시 이수정은 신동으로 자랐으니까, 당연한 것이 아닌가. 앞으로 한양에 가면 조선 백성을 위해서 큰일을 할 거야."

그런데 옥과현에 살고 있는 사람만 온 것이 아니라 현감(縣監)이 직접 부하들을 데리고 와서 축하를 해 주고 갔다. 이수정은 합격 증서를 들고 한양을 향하여 달려갔다. 전국에서 과거시험에 합격해서 온 사람이 그리 많지 않음을 보고, 역시 자신이 과거시험을 위해 힘들게 공부하였다는 사실을 떠올리며 좋은 벼슬이 올 것을 기대하고 있었다. 그런데 뜻하지 않게 관리의 호명을 듣고 깜작 놀라고 말았다.

"이수정 씨는 오늘부터 홍문관으로 임명을 합니다."

홍문관이란 벼슬은 학문연구, 언론기관으로서의 일을 하는 직책이었다. 그래서 그가 일본에서 루미스 선교사와의 대화 가운데 그의 직업을 'Court Annalist'(조정연력기자, 朝政年歷記者)라고 말하고 있으며, 사학가 김양선 목사는 궁정역사정리가(宮政歷史定理家) 또는 승정원(承政員)을 역임했다고 하였다. 승정원은 왕의 명령을 받고 출납을 관리하는 직책이었다. 역시 사학가 백낙준 박사는 루미스 선교사의 글을 인용하면서 "왕정(王政)이나 왕이 발행하는 청한관계공문서(淸韓關係公文書)를 작성한 직책을 맡았다."고 말하고 있다.

2) 2차 신사유람단 비수행원 이수정

다시 왕권이 확립되면서 나라는 안정됐다. 후세 사학가들은 이 난을 임오년에 군인들이 일으켰다하여 임오군란이라고 말하고 있다. 임오군란으로 인하여 일본과 조선과는 엄청난 외교적 문제에 부딪히고 말았다. 조선군인에게 근대군사교육을 시키던 호리가와는 처참한 죽임을 당하였으며, 일본 영사관저의 파손 등으로 양국은 불편한 관계를 맺고 있었다. 제1차 신사유람단원들은 이러한 일들을 하루 속히 해결하기 위해서 뿐만 아니라 일본의 근대화된 많은 모습을 보기 위해 파견되었다. 제2차 신사유람단 역시 몇 가지 사명을 띠고 갔었다. 우선 일본인을 살해한 일과 외교상 일본에 많은 손실을 준 일에 대한 사과를 하기 위해서 다시 일본을 가려고 한 것이다.

민영익의 힘을 업고 청나라에 의존하면서 점진적인 혁신을 기하려 하였다. 이미 제1차 신사유람단의 보고가 국가 개혁에 큰 도움이 되었지만 임오군란으로 곤경에 빠지게 되자, 일본의 역사를 보고 왔던 1차 신사유람단들은 일본의 정신혁신에 따라 부강한 나라를 만들겠다는 큰 의지를 갖고 제2차 신사유람단을 보내기로 결정하였다. 일본의 혁신정치와 이에 따른 부강(富强)을 목표로 한 청년 정치가 박영효, 김옥균, 김홍집, 홍영식, 서광범 등 일파는 청나라에 의존하려는 중심세력을 일시에 제거함으로써 청나라의 세력을 배제하여 자주독립의 실(實)을 거두는 동시에, 일본의 유신정치를 본받아 획기적인 정치의 혁신을 기해야 할 것으로 믿었다. 그들의 목표는 청나라의 압력에서 벗어난 실질적인 독립과 급속한 개화 혁신정치의 실현이었기 때문에 그들 일파는 독립당, 또는 개화당이라고 불리어진다. 이러한 뜻을 가졌던 제2차 신사유람단은 1882년 9월 19일 메이지마루라는 일본 상선을 타고 세도나이까 바다를 접어들어 해변 가에 정박하고 있는 항구와 일본 배를 구경하면서 어느덧 목적지인 일본 요꼬하마 항에 9월 29일에 도착하였다.

승선한 지 10일 후인 1882년 9월 29일 오전 7시 15분에 그들이 탑승한 메이지마루가 요꼬하마 부두에 도착하자 곧 공사와 함께 일행이 부두에서 상륙하려할 때 세 번 예포(禮砲)를 발사하여 환영의 뜻을 표하고 가야마 경무총감, 요시다 외무성 도가이 부(府)장관, 마쓰무라 해군 소장을 비롯하여 요꼬하마 상인 총 대표 등 유지들 대표, 각 은행 역원들이 출영(出迎) 하였고 하나부사 공사 등이 수신사 일행을 맞이하여 환영식장인 연회장 장소에 조금 쉬게 한 후 서양식으로 찬란하게 장식한 환영식장으로 안내를 받아 호화로운 만찬으로 대접을 받았다.

(宮武外骨編纂, 壬午雞林事變, 212-213쪽, 東京:近藤印刷所, 1932, 오윤태, 선구자 이수정 편, 58쪽)

이처럼 환영식이 끝나자 신사유람단 일행들은 하나부사 공사의 안내를 받고 요꼬하마에서 기차를 타고 도쿄로 향하였다. 신사유람단이 탑승했던 기차로 얼마 후 일본의 수도인 도쿄로 향하고 도쿄 역에 도착하였다. 신사유람단은 일본의 근대화된 모습에 모두들 놀라고 말았다.

"아니, 이것이 무엇인데 소리를 지르면서 이렇게 빨리 달려갑니까?"

옆에 앉아 있던 외무부 사무관이 하얀 종이 바탕 위에 '기차'라고 적을 때 모두들 깜짝 놀라고 말았다. 이렇게 해서 신사유람단 일행은 처음으로 기차를 타고 일본의 수도인 도쿄에 도착하였다.

3) 이수정과 쓰다 박사의 상면

신사유람단원들은 미리 짜여진 일정표에 의해 움직였지만, 일행 중 이수정만은 비수행원이었기에 안종수로부터 들었던 쓰다 박사를 만나기 위해 외무성 직원의 안내를 받으면서 쓰다 박사의 집을 방문하였다. 이미 그는 절친한 친구 안종수로부터 쓰다 박사에 대한 자세한 이야기를 들었지만 실제로 쓰다 박사의 집을 보고 그만 놀라고 말았다.

▲ 비수행원인 이수정

이미 쓰다는 관직을 그만두고 1869년 치쿠치(築地)의 호텔에서 근무하고 있었다. 이것은 당시 외국인 여행자를 위해 설치된 호텔이었고 무역관도 겸하고 있었다. 거기서 쓰다는 외국인의 식탁에 제공해야 할 신선한 야채가 없으므로 모두 통조림으로 임시변통하고 있었음을 알았다. 기회를 보는데 감각이 남다르게 뛰어났던 쓰다는 서양 야채를 재배하는 것이 좋겠다는 생각이 떠올랐다. (오윤태, 일한그리스도교교류사, 80쪽, 東京:新敎出版社, 1968)

신선한 야채를 재배하기 위해서 미국으로부터 야채 씨를 주문하고 넓은 농토를 매입하여 광대한 농장을 운영하였다. 이로 인해 그의 저택은 놀라우리만큼 크고 깨끗하고 잘 신축된 집이었다. 이때 이수정은 그의 집과 농장을 보고 놀라고 말았다.

'바로 이것이다. 내가 이것을 배우기 위해서 일본에 오기를 참으로 잘했다.'

농업과 일본 문물을 배우기 위해 조선에서 온 이수정과는 이미 선약이 되었기에, 쓰다는 조선인을 만나기 위해서 기도하는 중이었다. 그때 벨소리가 울리기 시작하였다.

"누구신가요?"

"네, 일전에 약속했던 조선에서 오신 이수정 씨를 모시고 왔습니다."

이미 안종수의 소개가 있었기에 쓰다 박사에게 쉽게 접근할 수 있었다. 이수정도 역시 동방예의지국에서 온 사람인데 그냥 방문할 수가 없어서, 값진 선물인 홍삼을 준비하여 갔다.

"쓰다 박사님, 1년 전에 박사님을 뵙고 갔던 안종수 씨는 제가 아주 존경하는 선배입니다. 1년 전에 선물을 내놓았더니 사양하셔서 전달하지 못했다는 말을 들었지만, 박사님댁을 방문하는데 그냥 올 수 없어서 여기 선물을 준비했으니 받아주시면 그 이상 기쁨이 없겠습니다."

"이 선물을 받으면 누구 것은 받고 누구 것은 안 받게 되는 것이니 안종수 씨가 저에 대한 평가를 어떻게 하겠습니까. 그저 받은 것으로 알고 다시 넣어 주시면 그 이상 기쁨이 없겠습니다."

그는 이미 조선을 떠나기 전 안종수로부터 쓰다 박사에 대한 자세한 이야기를 들었기에 들었던 말을 먼저 꺼내기 시작하였다. 공자의 빛은 초롱불과 같아서 겨우 방 안만 비추고, 예수의 빛은 동방에서 떠오르는 태양빛과 같아서 전 세계를 비춰 준다는 말을 듣고 온 것이다.

"쓰다 박사님, 제가 안종수 씨에게 예수님에 대한 진리를 자세하게 듣고 왔습니다."

"이수정 씨, 안종수 씨가 고국에 돌아가서 일본처럼 외국 선교사가 활동할 수 있도록 정부에 건의를 하겠다고 약속을 했습니다. 그런데 안종수 씨에게서 아직까지 연락이 없는것을 보니 왕에게 기독교에 대한 이야기를 전하지 못한 것 같습니다."

"조선에서는 아직도 천주교가 철저하게 탄압받고 있습니다. 하루 속히 우리 조선에도 일본처럼 기독교가 활발하게 전파될 수 있는 신앙의 자유가 허락됐으면 좋겠습니다. 쓰다 박사님, 바로 저 족자가 성경에 있는 내용의 글들입니까?"

이수정은 한학자였기에 쓰다 박사의 거실에 걸려 있는 족자를 읽을 수 있었다. 그런데 그 순간 성령이 역사해서 그만 놀라고 만 것이다. 쓰다 박사는 이수정이 방문한다는 말을 듣고 그때부터 이미 정성을 다해 기도를 했던 터였다. 이수정은 어느새 성령의 인도함에 이끌리어 쓰다 박사의 말에 매료되었다.

"이 성경책은 한자로 인쇄된 책입니다. 이 책 속에는 세계를 비추고도 남을 빛의 진리가 담겨져 있으며, 바로 예수에 대해서 자세히 기록하고 있습니다. 숙소에 가지고 가셔서 읽어 본 후에 내일 다시 상면합시다."

이수정은 비수행원으로 따라왔기에 다른 사람들에 비해 비교적 자유롭게 시간을 보낼 수 있었으며, 또한 쓰다 박사를 만나는 일이 그의 임무였다. 이수정은 정성어린 저녁 대접을 받고 쓰다 박사가 운영하는 호텔에 짐을 풀자마자 가장 관심거리인 예수에 대해 알고 싶어서 마태복음서를 펴 보았다. 그 순간 1장 1절부터 예수의 족보가 나온 것을 보고 조선 백성이 믿어야 할 종교임을 깨닫게 됐다. 그는 호텔 객실에서 시간 가는 줄도 모르고 한자로 된 성경을 열심히 읽어 내려갔다. 그는 몹시 피곤한 몸을 이기지 못해 그만 잠들고 말았다. 다시 도쿄에서 새날을 맞이하는 이수정에게는 큰 기쁨의 순간이었다. 그는 호텔에서 정성껏 준비해 준 아침식사를 쓰다 박사와 함께 나누었다.

쓰다 박사와 서로 의사소통할 수 있는 방법은 필담(筆談)으로 대화하는 것이었다. 쓰다 박사는 이수정이 쓴 한자에 그만 놀라고 말았다. 그의 글씨에 놀란 쓰다 박사는 그동안 '이수정 씨'라고 부르던 호칭을 '이수정 선생님'이라고 부르기 시작하였다. 일본에서는 목사나, 변호사, 의사, 대학교수에게만 '선생'이란 칭호를 붙이는데, 이 말은 존경한다는 의미를 갖고 있다.

"이수정 선생님, 한자 글씨를 너무나 잘 쓰십니다. 역시 유학자다운 냄새가 풍깁니다." 이 말에 감동을 받은 이수정은 그 자리에서 쓰다 박사에게 말했다.

"쓰다 박사님, 저 예수를 구주로 영접하겠습니다."

이 말에 놀란 사람은 쓰다 박사였다. 1년 전에 안종수는 신약전서를 선물로 주려고 하는 순간 자신의 손으로 목에 손을 대면서 거절했었다. 그런데 이수정은 당당하게 예수를 구주로 믿겠다는 말에 쓰다 박사는 그만 놀라고 말았다.

쓰다를 만나 한문으로 된 산상수훈을 읽고 크게 감명을 느낀 이수정은 성경을 집에 와서 열심히 읽을 때 이상한 꿈을 꾸었다. 한 사람은 키가 크고 한 사람은 키가 작은 두 사람이 책이 꽉 차 있는 보따리를 걸머지고 이수정 집에 찾아와서 그에게 벗어주었다. '이것이 무엇인가?' 하고 이수정이가 물은즉 저들이 '책'이라고 대답하였다. 다시 물은즉 대답하기를 '조선의 모든 책들보다 가장 중요한 성경책'이라고 하였다. 꿈을 깬 이수정은 마음에 큰 충격을 받았다. '조선에서 제일 중요한 책, 성경책?' 꿈에 본 그 두 사람의 모습과 그들의 입에서 나온 말과 또 그들의 가방 속에 꽉 차 있는 책들이 눈에 선하여 생시같이 생각되어 도무지 잊을 수가 없었다. 그리하여 기독교에 대한 그의 관심은 더욱 커졌고 이 꿈은 인간의 신경적으로 온 꿈이 아니고 신비적인 계시로만 생각되었다. (The Missionary Review, 1883. 11, 오윤태, 선구자 이수정편, 59-60)

이후 이수정은 전날 밤 꿈에 나타난 이야기를 쓰다 박사에게 그대로 전하였다. 그 후부터는 성경을 열심히 읽으면 읽을수록 마음이 그렇게 평안할 수가 없었다. 이수정이 성경에 대해서 더욱 더 관심을 가진 부분은 마태복음서였다. 예수의 족보를 읽으면 읽을수록 새로운 내용의 이야깃거리가 많았다. 당시 조선에서 족보는 특정계층만 소유할 수 있는 그런 처지였다. 천민은 아무리 돈이 많아도 족보를 만들 수가 없었다. 만일 족보를 만들었다가는 군 현감에게 붙들려가

죽지 않을 정도로 곤장을 맞고, 족보는 즉시 불로 태워 버려야 했다. 그런데 이수정은 자신이 양반의 가문에서 태어났기 때문에 긍지를 갖고 하나님을 믿을 것을 굳게 맹세하였다.

　이 말을 들은 쓰다 박사는 그의 눈빛이 살아 움직이는 듯한 느낌을 갖게 되었다. 때마침 12월 첫째 주일이 되면서 도쿄 시내 상가나 큰 빌딩 등에서는 성탄절 트리를 하고 있었다. 교회도 마찬가지였다. 이러한 일에 대해서 전혀 몰랐던 이수정은 쓰다 박사로부터 자세한 설명을 들을 수 있는 기회를 갖게 되었다.

　예수가 이 땅에 태어날 때 평화의 왕으로 오셨고 더욱이 우리 인류를 구원시키기 위해 오셨기 때문에 예수님이 오신 날을 성탄절이라고 말하고, 이 계절이 되면 서양에서는 성탄 카드를 만들어서 보내기도 하고, 교회나 상점이나 큰 빌딩에는 '메리 크리스마스'라는 글을 화려하게 장식하고 산타클로스 할아버지가 선물 보따리를 등에 짊어지고 나누어 주는 그림을 대형으로 그려놓는 등 성탄절을 기독교에서 가장 중요한 절기로 지킨다는 이야기를 자세히 듣고 그 의미를 알게 되었다.

　그는 바로 12월 25일 쓰다 박사의 안내로 치쿠지에 자리 잡고 있는 도쿄제일교회의 크리스마스 축하 예배에 참석을 하고는 세례를 받아야겠다는 결심을 하게 되었다. 이날 오전 10시 15분 오전 예배시간에 교회당 안에는 큰 성탄트리를 해 놓았고, 교회당 천장에는 세계 만국기가 휘황찬란하게 걸려 있었다. 이미 구라파에서 유학했던 경험이 있는 쓰다 박사는 구라파 교회나 미국 교회의 성탄절 행사에 대해서 자세하게 설명을 해 주고 있었다. 이수정은 쓰다 박사의 설명을 듣는 순간순간마다 태극기가 어디 걸려 있지 않을까 하는 생각을 갖고 태극기를 찾아보았지만 끝내 발견하지 못하였다. 성탄절 예배를 드리는 순간 광고시간에 그 교회 목사가 조선에서 온 방문객을 소개하였다.

"조선에서 선략장군을 역임하시고 높은 지위에 계신 이수정이라 부르는 사람이 쓰다 박사의 안내로 저희 교회를 방문해 주었습니다. 우리교회로서는 조선 사람이 출석하기는 처음 있는 일입니다. 조선에는 아직 기독교가 전해지지 않았으며, 우리의 이웃인 조선에도 하루 속히 선교사가 들어가서 복음을 전할수 있도록 많은 기도를 부탁드립니다."

목사의 축도가 끝나자 그 자리에서 성탄 축하 파티가 벌어지면서 성도들이 정성껏 준비 해 온 음식을 먹었다. 성탄절에 대해 새삼스럽게 느꼈던 이수정은 그때 하얀 종이에 한자로 '세례를 받겠습니다.'라고 써서 쓰다박사에게건넸다.

"정말입니까? 교인이 되려면 세례는 꼭 받아야 합니다. 역시 제가 여기 올 때 이수정씨를 위해서 얼마나 기도한 줄 아세요?"

"참으로 결단을 잘 하셨습니다."

예배를 다 마친 후 인력거를 타고 잠시 쓰다 박사 집에서 이야기를 하고, 저녁시간에는 유년부 학생들이 성탄 축하 특별 순서가 있다면서 쓰다 박사는 이수정을 안내하여 교회에 도착하였다. 유년부 아이들부터 시작하여 청년에 이르기까지 성탄절에 관한 성가를 부르는가 하면, 청년들이 드라마를 준비하여 출연하는 장면을 보고 이수정은 또 한 번 놀랐다. 이수정은 저녁 축하 행사가 다 끝나자 큰 감동을 받았다. 이수정은 혼자서 중얼거리고 있었다.

'그래, 정말로 잘 왔어. 하루 속히 세례를 받고 예수를 찬양해야지.'

이미 예수 믿기로 작정을 하고 세례를 받겠다고 이야기하자, 쓰다 박사는 나까다(長田時行) 목사를 소개해야겠다는 생각을 갖게 되었다. 쓰다 박사는 도쿄제일교회(조합교회, 현 레이난사카교회) 나까다 목사의 집으로 전화를 걸었다.

"나까다 목사님, 요즘 교회가 많이 성장했다는 이야기를 듣고 기뻐했습니다. 오늘 전화는 다름이 아니라, 조선에서 건너와 저한테

▲ 나까다 목사

▲ 현 레이난사카교회

일본 근대화 문화를 배우러 왔던 이수정이란 사람이 예수를 믿기로 작정하였습니다. 내년 4월 29일 부활절에 세례를 받겠다고 하는데 목사님께 개인지도를 부탁드립니다."

"쓰다 박사님, 그 조선인 이수정 씨가 일본어를 할 줄 압니까?"

"일본어는 전혀 못하지만 한자를 많이 알고 있고, 조선 정부에서 보낸 인물입니다. 저와 함께 얼마 동안 지냈는데 어학에 뛰어난 재간이 있습니다. 목사님께서 성경도 가르치고 일본어도 제가 직접 지도했는데 어학에는 천재적인 소질이 있어 지금도 제법 잘 하는 편이지만, 목사님께서 일본어까지 잘 가르쳐 주시면 좋을 것 같아 부탁을 드립니다."

"쓰다 박사님, 잘 알겠습니다. 제가 시간 되는대로 성경대의(聖經大義)와 일본어를 가르쳐 주겠습니다."

쓰다 박사는 이수정에게 자신의 농장에서 일하는 직원을 소개시켜 주었다. 그래서 그 직원과 함께 인력거에 몸을 싣고 도쿄 시내를 가로지르면서 도쿄제일교회에서 시무하는 나까다 목사를 찾아가 인사를 하였다.

"저는 조선에서 온 이수정이라고 합니다. 쓰다 박사의 전도를 받고 기독교로 개종하였습니다. 앞으로 세례를 받으려고 준비하고 있으며, 아직 일본어는 기초단계에 있습니다."

"그 정도 실력이면 일본어를 거의 마스터하는 실력은 되겠습니다. 그렇지 않아도 쓰다 박사께 소개를 받았는데 한문에 통달했을 뿐만 아니라 어학에 천재적인 소질이 있다는 말을 듣고 저도 빨리 만나기를 원했습니다."

이수정은 나까다 목사의 특별한 배려로 성경대의를 배웠고 일본어도 자유롭게 말할 수 있도록 실력을 향상시켰다. 마침내 로겟츠죠교회((露月町敎會:현 시바 '芝' 교회)에서 1883년 4월 29일 야스가와(安川亨) 목사와 낙스 선교사의 입회 하에 조선에서 온 이수정이 세례를 받게 됐다.

> 마침내 세례를 받을 결심까지 하고 나까다 목사에게서 성경대의를 배웠는데 그때 벌써 이수정은 일본어가 숙달되어 가는 때였다. 선교사들의 보고에 의하면 이수정은 일본에 도착한 지 9개월 만에 일본어를 유창하게 잘하여 두 번이나 일본어로 설교를 했을 뿐만 아니라 듣는 청중들이 모두 놀라고 말았다. 정확한 일본어, 특히 자유롭게 거침없이 유창하게 하는 일본어에 놀랐다고 했으므로 나까다 목사에게서 성경대의(聖經大意)를 배울 때에는 말할 것 없이 일본어를 사용했을 것이다. (1988. 5. 11., 七一雜報 8卷 第19號, 오윤태, 앞의 책, 60쪽)

이수정에게 성경을 가르쳤던 나까다 목사는 오까야마(岡山) 출신으로 요꼬하마에서 설립한 헵번숙에 입학하여 그 후 이 학교가 도쿄로 이전하면서 메이지학원대학이 됐다. 이때 나까다가 기독교를 믿기 시작하였다. 메이지학원대학을 졸업하고 나가노(長野) 안나까(安中)에 가서 유하사지로 장로의 지도를 받으면서 안나까교회에 출석하였다. 이때 안나까교회에서 운영하는 양잠공장에서 일하다 상경하여 쓰다 박사가 경영하는 도쿄농학사학교(東京農學社學校)에 취직을 하였다. 그곳에서 일을 하면서 일본 교계 잡지인 육합잡지(六合雜誌)의 편집장이 되었기에 자연히 쓰다 박사와 친하게 지낸 이수정과도 교분을 갖게 되었다.

나까다가 메이지학원대학 신학부를 졸업하고 목사 안수를 받은 후 도쿄에 있는 장로교회 계통에서 목회를 하다가 레이난사까교회 2대 목사로 부임하여 목회할 무렵 쓰다 박사의 부탁으로 이수정에게 성경대의를 가르치게 됐다.

레이난사카교회는 일본조합교회 계통이었기에 그 교회에 부임하였지만 일본조합교회 목사로 이명을 약속하고 부임을 하였다. 1884년 8월부터 교토에 있는 도시샤대학 신학부에서 1년 간 연구생활을 마치고 1885년 6월에 다시 부임을 하여 1886년 8월 현재 위치에 자리를 잡고 교회를 신축한 후 레이난사카교회를 사임하였다. (레이난사카교회100년사, 70-71쪽, 도쿄 : 이사까미술인쇄공사, 1979)

4) 이수정 개종과 세례

나까다 목사의 헌신적인 봉사로 성경대의를 비롯해서 기독교에 대한 전반적인 것을 배웠다. 이러한 일이 있기까지는 나까다 목사의 도움으로 일본어를 자유롭게 말할 수 있었기 때문이었다.

"선생님, 일본어 발음이 너무나 어렵습니다."

"아닙니다. 역시 한문이 백제에서 건너왔고, 왕인박사에 의해 일본어가 만들어져서 인지는 몰라도 비교적 빨리 일본어를 터득하

이수정이 세례 받았던 시바교회 전경 ▲

십니다."

"역시 학자다운 모습이 남아 있습니다. 내일은 노겟쯔죠교회에서 야스가와 목사의 문답 시험이 있습니다. 이 시험에 합격해야 주일에 세례서약을 하고 세례교인이 되고 성찬에 참여할 수 있습니다."

이수정은 그동안 성경을 가르치는 일에 많은 수고를 하였던 나까다 목사에게 몇 번이고 감사하다면서 앞으로 잘 부탁한다고 말하고 레이난사까교회를 떠났다. 세례문답이 있는 야스가와 목사가 시무하는 로게쯔교회를 방문하였다. 야스가와 목사는 이미 이수정에 대해서 잘 알고 있었다. 그는 일본기독교대회를 개최할 때 서기 직책을 맡고 있었다.

"그동안 나까다 목사님의 신세를 많이 졌습니다. 부족한 점이 있어도 잘 부탁합니다."

"이수정 씨는 이미 나까다 목사로부터 성경 및 소요리 문답을 잘 배웠으리라고 생각되어 성경과 교리문제는 다 생략하고…. 불교와 기독교에 대해서 간략하게 말씀하실 수 있을까요?"

"네, 불교는 석가가 인도에서 태어나 생로병사에 대해 고민하다가 그 문제를 해결하기 위해서 깊은 산중에 들어가서 해탈하고 나와서 윤회법을 만들었으며, 여기서 해탈해야 생로병사가 해결된다고 하였으며, 사람이 마지막 가는 곳은 극락이라고 했습니다. 그러나 예수님은 우리의 죄를 대신 짊어지시고 십자가에 돌아가신 후 3일 만에 부활하시고 하나님의 나라에 가시지 않았습니까. 누구든지 예수님만 믿으면 하늘나라 즉 천국에 간다고 말씀하셨습니다."

우선 야스가와 목사나 입회했던 낙스 선교사는 그의 일본어 실력에 제압당하고 말았다.

1883년 4월 29일 주일 도쿄 노월정교회에서 존 낙스 목사의 입회 하에 야스가와 목사가 세례문답을 했는데 너무도 대답이 명확하고 틀림이 없어서 시취한 목사나 입회한 목사가 다 놀랐고 세례 베풀기에 부족함이 없었으며, 또한 세례 받을 만한 자격자로 인정을 받아 장엄한 세례식을 베풀게 되었다. 특히 일본에서 처음 베푸는 조선 사람의 세례식인 동시에 조선 교회의 선구자가 되는 마게도니아 사람의 역할을 할 사람의 세례식전인 만큼 선교사들과 일본 기독교 신자 및 지도자들의 정신을 긴장케 했던 것이다. (1883. 5. 11., 七一雜誌 제19호 3월호, 오윤태, 앞의 책, 61쪽)

이수정에게 세례를 집례했던 야스가와(安川亨) 목사의 원래 이름은 다까하시(高橋亨)였는데 양자로 입적하게 되어 야스가와로 성을 바꾸었다. 야스가와 목사는 지바현에 있는 부농의 가정에서 출생하였다. 야스가와는 정부 사법성에 근무하면서 도쿄로 나오게 되었다. 그는 선교사들의 생활에 대해서 관심 있게 살펴보았다. 고찰금지(高札禁止)가 발표된 지 얼마 안 된 1873년 8월 탐손 선교사로부터 전도를 받고 1874년 10월에 문을 연 도쿄제일교회(혹은 도쿄 치꾸지6번

▲ 시바교회 야마모토 목사(새로 부임)가 한국기독교성지순례 선교회에서 기증한 이수정 한시와 사진을 보고 설명하고 있다.

교회)에 출석하였다. 도쿄제일교회는 1976년 4월에 로게츠교회와 긴자교회(銀座敎會)로 분립을 하였지만 로게츠쵸교회는 곧 도쿄시바 로게츠쵸교회로 개명하였다.

이것이 인연이 되어 야스가와는 탐손 선교사로부터 세례를 받고 메이지학원 신학부에 진학하여 목사안수를 받은 후 로겟츠쵸교회와 시나가와교회 두 교회를 담임하면서 목회를 하였다. 바로 그 무렵 조선인 한학자 이수정에게 세례를 주고 일약 유명해졌다.

이수정의 세례로 조선에도 기독교에 대한 영향이 있을 것을 알았던 칠일잡지(七一雜誌) 기자는 1883년 5월 11일 제19호에 자세하게 설명을 해 놓았다. 후에 오윤태 목사는 『선구자 이수정편』이란 책에서 그를 조선의 마게도니아 사람이라고 높이 평가하고 있다. 여기에서 조선인으로는 일본에서 최초로 개신교 신자로서 세례 제1호라는 데 더욱 큰 의미를 갖고 있다. 왜 그를 조선의 마게도니아 사람이라고 말할까.

> 밤에 환상이 바울에게 보이니 마게도냐 사람 하나가 서서 그에게 청하여 이르되 마게도냐로 건너와서 우리를 도우라 하거늘 바울이 그 환상을 보았을 때 우리가 곧 마게도냐로 떠나기를 힘쓰니 이는 하나님이 저 사람들에게 복음을 전하라고 우리를 부르신 줄로 인정함이러라 (사도행전 16:9-10).

바울은 디모데라는 제자를 대동하고 소아시아 지방에서 말씀을 전하려고 하였지만 성령이 전하지 못하게 가로막고 있었다. 그런데 한밤중에 소아시아 건너편에 있는 마게도냐에서 "우리를 도우라."는 사람이 있었다. 이때 바울은 소아시아 지방을 포기하고 유럽의 입구인 마게도냐로 가서 예수의 복음을 전했던 것처럼, 일본에서 이수정이란 사람이 "조선을 도우라."고 말하는 음성을 듣고 미국 교회가 조선에 선교사를 파송하게 되었는데, 이 일을 위해 이수정이 무릎을 꿇고 기도하며 조선에 선교사를 보내 달라고 미국에 편지를 두번씩이나 보내는 등 열성을 다할때 성령이 역사하여 미국 교회가 조선에 선교사를 파송하였다. 이 일을 바로 이수정이 해 냈다 하여 그를 가리켜 "조선의 마게도냐 사람이라."고 말하고 있다.

그러나 이미 조선 사람으로서 중국을 통해서 세례를 받았던 교인들이 생겨나게 됐다. 이 역사는 일본에서 세례를 받았던 이수정보다 더 오래됐다. 항상 〈한국 기독교 역사의 목차〉를 보면 중국을 통한 기독교의 만남에는 스코틀랜드 선교사 로스(J.. Ross)를 거명하고 그 다음이 일본에서 개종하고 세례를 받은 이수정을 언급한다. 그러나 오윤태 목사는 『선구자 이수정편』이란 책을 기술

▲ 중국에서 조선사람에게 선교한 로스 목사

하여 1983년 서울에 있는 혜선출판사에서 발행함으로 이수정이 선교사 유치 운동을 했다는 사실을 한국에 처음으로 소개한 일이 있다.

한국에 공식 선교사가 들어오기전에 중국과 일본에서 이미 조선

인의 개종과 그들에 의한 조선선교를 위한 노력이 시도되었다. 이런 점에서 잠시 중국쪽 상황을 살펴보기로한다.

6. 중국을 통한 기독교 전래

1) 중국에서 로스 선교사와 의주 청년들의 개종

중국 산동성 연태에 상주하고 있던 스코틀랜드성서공회 총무인 윌리암슨(A. Williamson)선교사의 조선에 대한 선교 열정은 남다르게 강하였다. 그는 당시에 토마스(J. Thomas)의 순교가 헛되지 않도록 중국에서 선교활동을 벌이고 있었다. 여러 선교사들과 함께 조선 선교에 힘을 쏟고 있던 그는 스코틀랜드교회에 선교사 파송 요청을 하게 되었다. 이러한 요청을 받았던 스코틀랜드교회에서는 로스(J. Ross)와 맥킨타이어(J. MacIntyre)를 선교사로 파송하게 되었으며, 이 때 윌리암슨은 두 선교사가 1872년 8월 중국에 도착하자 곧 중국 요령성에 있는 영구(營口)에 정착하게 하고, 평양에서 순교했던 토마스 선교사에 대한 이야기를 들려주었다. 윌리암슨은 토마스의 순교 1주기를 맞아 요령성에 있는 고려문에 드나들면서 조선 선교의 가능성을 타진하였다. 고려문은 중국인과 조선인이 서로 만나 물물교환을 하는 장소였기에 로스도 윌리암슨의 이야기를 귀담아 듣고 영구를 떠나 1874년 10월에 고려문을 방문하게 되었다. 고려문은 의주에서 120리 밖에 있는 봉황산성 아래에 있는 작은 마을로서, 중국과 조선 간에 자유롭게 교역이 이루어지던 관문이기도 하였다.

　로스 선교사는 고려문에서 많은 조선인들에게 한문성경을 팔면서 전도를 하였지만 그 누구도 그의 말에 귀를 기울이지 않았다. 그런데 50대로 보이는 한 조선인 상인이 찾아오게 되었다. 로스는 그에게서 조선에 대한 자세한 이야기를 들을 수 있었으며, 잠시였지만 조선어의 어법이 어떤 것인가를 알 수 있었다. 그리고 그에게 성경을 전해 주었다. 훗날 그의 아들 백홍준은 로스 선교사를 만나 심양으로 이동하고 최초로 조선땅 의주에 요한복음과 누가복음을 전했던 인물이 됐다.

　로스는 1876년 4월 2차 선교여행 시 고려문을 방문하게 되었다. 조선 선교에 열망을 품고 있던 로스는 조선어 교사를 찾고 있었다. 그런데 이 무렵 뜻하지 않게 평안도 의주 청년 이응찬을 만나게 되었다. 원래 이응찬은 상인이었는데, 어느 날 압록강을 건너가다가 풍랑을 만나 물건을 강에 다 버리고 겨우 몸만 살아 중국에 가게 되었다. 이때 중국인의 소개로 로스를 만나게 되었으며, 로스는 이응찬을 하나님이 보낸 사람으로 여기고 그에게 조선어를 배우게 되었다. 로스는 한글성경을 출판하기 위해서 계획을 세워 놓고 기도하던 중에 이응찬을 만났으니 얼마나 기뻤을까! 이러한 기쁨을 이응찬과 함께 나누면서 요령성의 행정중심지인 심양으로 옮겨 갔다. 로스는 곧 심양에 자리를 잡고 조선어를 배웠으며, 이응찬의 도움으로 1877년 〈기초 조선어 교재〉를 발간하게 되었다.

　고향을 떠난 지 여러 해가 된 이응찬은 한자로 된 쪽복음 몇 권을 가지고 의주 친구들에게 나누어 주었으며, 이 무렵 뜻하지 않게 로스는 서상륜과 서경조 형제를 만나게 되었다. 서상륜 형제는 홍삼 장사차 영구에 왔는데, 서상륜이 갑자기 알 수 없는 병에 시달리고 있었다. 이때 어느 중국인의 안내로 영구병원에서 헌터 의료선교사를 만나 겨우 생명을 되찾을 수 있게 되었다. 이곳에서 그는 맥킨타이어를 만나 예수를 믿게 되었으며, 그 후 로스에게 소개되어 그를 도우면서 누가복음을 번역하게 되었다. 이들의 신앙이 점점 성장하자 1876년 한국 기독교 역사에 영원히 남을 이응찬, 백홍준, 이성하, 김진기 등 4명이 맥킨타이어로부터 세례를 받음으로 최초의 신앙공동체가 중국 땅에서 형성되게 되었다. 이후 로스나 맥킨타이어는 바쁜 나날을 보내게 됐다.

최초로 신앙공동체를 형성한 이들에게는 한글성경 번역이 더욱 시급함을 알았다. 그래서 의주 청년의 도움을 받아 성경 번역과 출판에 힘을 기울임으로 1882년 봄에는 심양(瀋陽)에서 누가복음, 요한복음을 출판하였다. 흔히들 누가복음, 요한복음을 로스역으로 말하지만

▲ 장로교의 첫 조사들, 1890
백홍준(평안), 서상륜(황해), 최명오(경기)

실제로 중국성경을 놓고 번역했던 사람은 서상륜이었기 때문에 '서상륜역'이라고 주장하는 학자들도 있다.

　1886년에는 신약전서를 완전히 번역, 출판하게 되었다. 이러한 일이 있기까지는 로스를 지원해 주고 있던 스코틀랜드교회의 기도를 잊을 수 없다. 이후 로스 선교사는 의주 청년들을 조사 또는 매서로 임명하고 전도사업에 힘을 쏟도록 하였다.

　최초로 쪽복음이 완성될 때 식자공이었던 김청송은 곧 한국인이 많이 살고 있는 옛 고구려의 고도인 즙안을 중심해서 쪽복음을 나누어 주면서 전도를 하였다. 그런데 뜻하지 않게 많은 사람들이 호감을 갖고 심양에 있는 로스에게까지 찾아가 기독교에 대한 진리를 질문하면서 많은 것을 배우게 되었다. 1884년 11월 즙안은 하나님의 축복이 내리듯 온통 눈으로 덮혀 있었다. 이때 로스는 그 추위를 무릅쓰고 최초로 75명 남자에게 세례식을 거행함으로 즙안에 최초의 한국인 신앙공동체가 형성되어 가고 있었다.

　이러한 경험을 했던 김청송은 로스 선교사로부터 조사 임명을 받고 요한복음과 누가복음을 조선 땅에 전하기 위해서 한 뭉치를 등에 짊어지고 압록강까지 왔으나 경비병의 감시가 너무 심해 그는 그 자리에서 쪽 복음을 불로 태워 재를 만들어 압록강에 뿌리고 타다 남은 쪽 복음은 그대로 강물에 띄워 버렸다. 그 사실을 로스 선교사에게 보고하였다. 김청송 조사는 로스 선교사로부터 책망을 받을 줄 알았는데 오히려 칭찬을 해주었다.

　"김청송 조사님, 참 잘 하셨습니다. 압록강 강물에서 빨래한 아낙

네들이 다 예수를 믿을 것입니다. 또 여름에 목욕하려 나온 남자들도 모두 예수를 믿을 것입니다."

이 일이 훗날 역사적으로 잘 입증되었다. 압록강가에 자리 잡고 있던 삭주, 위원, 의주, 신의주 지역에 모든 교회들이 크게 성장했기 때문이다.

로스 선교사는 한족과 조선인들에게 성경을 번역해서 반포하고 중국 심양에서도 동관교회를 설립하는 등 많은 한족 교회를 설립하면서 큰 공을 세웠다. 그러나 나이가 많아 은퇴를 하고 스코틀랜드 고향에 돌아가 얼마 동안 안식을 하다가 74세의 나이로 삶을 마감하였다. 그의 죽음의 소식을 들었던 중국 요령성에 있는 한족과 조선족

▲ 로스 선교사가 설립한 동관교회

들이 뜻을 모아 그의 치적을 높이 평가하는 돌 기념비에 글을 담아 영원히 기념하였다. 홍위병들이 교회를 파괴할 때 강대상 뒤에 숨겨 두고 앞에다 벽을 더 만들어 감추었으므로 그 기념비는 문화혁명이 끝나고 나서 세상에 얼굴을 내밀게 되었다. 다행히 우리 순례자(한국기독교성지순례선교회 전문위원) 일행은 그 교회 장로의 안내로 로스 선교사의 기념비를 볼 수 있었으며, 그 기념비 내용을 읽어보면 다음과 같다.

John Ross 박사님의 비문(碑文)

영국(U. K) 신학박사인 John Ross 박사는 스코틀랜드인으로 1841년에 출생하였습니다. John Ross 박사는 도학(道學)을 졸업한 후 하나님의 뜻에 따라 31세에 멀리 바다를 건너 중국 땅으로 선교를 위하여 왔습니다. 처음에 교회를 개척할 때에는 환경이 매우 열악했으나 John Ross 박사는 온 마음과 정성을 다하여 열심히 선교하여 결국 어려움을 극복하고 심양, 요양, 흥경뿐만 아니라 조선에도 예배당을 세웠습니다. 이로 인하여 많은 사람들이 예수님을 영접하게 되었습니다. 또한 고아원을 설립하여 수많은 고아들을 양육하며 믿음 안에서 교육을 시켰습니다.

한편으로는 성경번역사업과 성경주석서 편찬사업을 하였고 더 많은 신학 인재를 양육하기 위해 신학원도 개설하였습니다. 신학원에서는 10여 명의 중국인 제자가 시험을 통하여 목사 안수를 받게 되었습니다. John Ross 박사는 힘든 선교생활을 마치고 70세가 되던 해에 귀국하여 휴양하면서도 사역을 계속하다가 1915년 가을 75세의 일기로 하나님 곁으로 돌아갔습니다. 박사님의 타계소식을 들은 수많은 성도들은 매우 애통해 하며 그분을 추모하여 그분의 선교사업을 기념하기 위하여 다음과 같은 기념비를 세웠습니다.

위대한 목자이신 John Ross 박사는 인자하며 주님께 충성하여 형제들을 사랑하였습니다. 그분은 하나님의 말씀을 전파하기 위해 38년을 조국 영국을 떠나 하나님께 헌신하고자 중국에 와서 심양과 요양에서 주님의 복음을 선포하였습니다. 어려움을 무릅쓰고 단신으로 사방을 다니며 만주지역에 열심히 복음의 씨앗을 뿌리며 오래 참음으로 우리를 구원에 이르도록 인도하셨습니다.

수많은 교회를 세우고 복음을 힘써 전파하며 70세까지 선교하시다가 아름다운 헌신의 발자국을 중국에 남기셨습니다. 그분은 세상에서 하나님의 일을 하고 지금 하늘나라에서 천국의 기쁨을 누리고 있습니다. 그리하여 후대에게 아름다운 본보기를 남기셨습니다.

우리는 John Ross 박사님을 그리워하며 여기에 기념의 글을 아로새

한국기독교성지순례선교회에서 처음으로 발견한 고려문터인 변문진 ▲

겨 성도들의 그리워하는 마음을 대신합니다. 인자하신 모습이 아직도 눈앞에 아른거리는 박사님은 우리에게 아름다운 본보기를 남겨 주셨고 아직도 우리를 격려하고 계십니다. 비문의 글로 우리의 존경하는 마음을 대신합니다.

1916년 5월 동북삼성 각 교회 장로들은 존경하는 마음을 가득 담아 이 비(碑)를 세웁니다. (東關敎會 弘報室 資料)

2) 고려문 발견

한국 교회에서는 고려문(高麗門=Korean Gate)을 찾아 나선 사람들이 많았다. 그러나 그 고려문을 찾을 길이 없어서 어떤 이는 봉황성까지만 다녀왔는가 하면, 일면산(一面山=YIL MIAN SHAN) 역사를 보고 와서 고려문을 보고 왔다고 말하는 사람들도 있고, 그렇게 쓴 글도 있다. 왜 이렇게 고려문에

▲ 고려문

대해서 관심이 많을까. 이 고려문은 한국 기독교 역사와 깊은 관계가

있는 곳이다. 이러한 관계로 중국 땅에 자리 잡고 있는 고려문을 찾아가는 사람들이 요즘 많이 생겨나지만, 그 위치를 제대로 확인하고 온 사람들이 없어서 한국기독교성지순례선교회(회장 박경진, 전문위원장 김수진) 전문위원 17명은 2005년 6월 27일에서 7월 1일까지 4박 5일 일정으로 김수진 목사의 인도로 고려문과 심양 동관한족교회 로스(J. Ross) 선교사 기념비를 찾아 나섰다.

중국 심양에 도착한 일행들은 6월 28일 새벽 5시에 기상을 하고, 곧바로 6시에 관광버스에 탑승했다. 고속도로 진입하여 4시간 정도 달려 봉황성 I. C. 진입로로 방향을 바꾸어 얼마 동안 국도를 달리다가 봉황성 시내 도로변에 봉황성 한족교회가 붉은 벽돌로 잘 지어진 건물에 십자가가 우뚝 세워져 있는 모습을 보고 모두들 기뻐서 버스 안에서 "할렐루야!" 하고 함성을 질렀다. 봉황성한족교회는 요령성 남부 봉황성(鳳凰城)이란 곳에 '투카' 라 부르고 있는 지역에 자리 잡고 있다. 봉황성에서 계속 서쪽으로 향하면 책문(柵門)으로서 우리나라 국경도시인 의주(義州)로부터 약 48킬로(120리) 지점에 있는 지역이다. 고려문은 조선인이 중국에 들어가는 관문(關門)이기도 하며, 이곳은 별정소(別定所)가 있어서 의주에서 관리 몇 사람이 파견되어 항시 주둔하고 있었다.

그러나 지금은 고려문의 흔적을 찾아볼 수가 없다. 이른바 중국 문화 혁명 때에 중앙정부는 동북 공정정책에 의해 훗날 한국과 국경 문제로 논란을 일으킬 염려가 있어서 고려문을 헐어 버리고 그 대신 그 자리에 1995년 변문진(邊門津)이란 기념비를 세워 놓았다. 변문진

바로 밑에는 영어로 'Blarimen Zhen'이라고 새겨져 있으며, 뒷면은 '1995年 5月'이란 글씨가 담겨져 있다. 이 연도로 보아 1995년 5월 이곳에 설립됐다는 의미로 이해될 수 있다.

이 변문진은 일면산(一面山)역에서 그리 멀지 않은 곳에 있으며, 철길을 따라 북쪽으로 올라가 철길 건널목을 막 건너면 도로변에 자리를 잡고 있다. 그 옆에는 옛 고려문의 흔적으로 헐렸던 돌무더기가 보기 흉하게 아무렇게나 쌓여져 있다. 변문진에서 북쪽은 한족(漢族)이 자리를 잡고 있는 마을이 있으며, 그 건너편에 있는 마을 아래에는 넓은 들녘에 옥수수 밭으로 이루어진 곳이 있다. 바로 우리 동포들이 살고 있는 곳을 고려마을이라 부른 것으로 보아, 고려문에 시장이 열리게 되면 그곳에서 상업과 농업을 겸하면서 살아왔다는 사실을 확인할 수가 있었다.

그러나 변문진이 한국기독교성지순례선교회에 의해 한국 언론

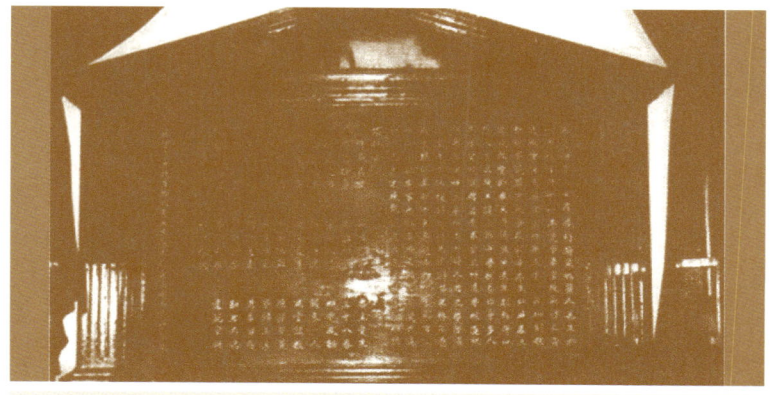
▲ 동관교회 강대상 뒤에 있는 로스선교사 기념비

에 소개되고 한국에서 많은 관광객들이 이곳을 방문하자, 중국 당국에서 2005년 11월에 그 지역민을 동원해서 변문진 기념비를 현장에

1995년에 세워진 변문진 ▲

버려진 변문진(2005. 11.)▲

서 그리 멀지 않는 길가에 팽개치고 그 위를 쓰레기로 덮었다는 사실을 최근에 알게 되었다. 그 후부터는 한국인 관광객이 방문하지 않자, 지역주민들이 요령성 정부에 다시 세워 달라고 진정서를 내놓고 다시 복원할 일자만 기다리고 있다고 한다.

한국 기독교 선구자
이수정

3부 이수정의 선교사 유치 운동

3부 이수정의 선교사 유치 운동

1. 이수정 일본기독교대회에서 강연

일본에서 열린 첫 기독교대회는 1878년 7월 15일 도쿄에서 개최되었다. 한 주간을 기도회로 작정하고 선교사, 목사, 교역자, 일반 신도까지 모여 성공적으로 마감하였다. 이러한 운동을 1회로 끝내지 않고, 제2회는 1881년 10월 오사카에서 개최하였다. 1883년 1월 정초에 요꼬하마에서 모인 기도회가 계기가 되어 일본 대 부흥운동이 일어났었다. 이러한 여세를 몰고 제3회는 이수정이 세례를 받은 지 얼마 안 된 1883년 5월 8일부터 일주일 간 도쿄에서 리바이벌 무브먼트(대부흥회)를 개최하였다. 이 대회는 전국의 신자들과 각 교파 목사, 교사, 지도자들이 총동원하여 모였다.

무교회주의자 우찌무라 간죠(內村鑑三)도 참가하였다. 이 대회 이름을 제3회 전국기독교신도대친목대회(大親睦大會)라 명명했는데 일본에 있어서는 전무후무한 대부흥회였다. 대친목대회의 제4일째인 5월 11

일 오전 8시에 신에이교회당에서 특별기도회가 개최되었다. 사회자는 우에바라 목사로서, 찬송을 부르고 성경은 로마서 12장을 봉독한 후 사회자의 인사말이 있었다. 기도순서에 있어서 일본의 제1대 목사인 오꾸노의 제의에 의하여 조선의 리쥬데이(일본에서는 이수정을 리쥬데이라고 불렀다.) 선생에게 그의 모국어로 기도하기를 허락하자 리쥬데이 선생이 등단하여 조선어로 기도하였다. (1883. 5. 25., 七一雜誌 8卷제21호)

이수정은 나까다 목사에게 이미 일본어를 배웠기에 일본어에 통달하였으며, 일본어를 잘하여 일본 교계 지도자들뿐만 아니라 일본 교인들과도 자유롭게 의사소통할 수 있었다. 그러나 오꾸노 목사는 예루살렘 마가의 다락방에 모인 사람들이 각국 말로 방언을 한 성령의 역사가 일어났던 사건을 알았기에 이수정에게 조선어로 기도하라고 하였다. 인위적으로 이수정에게 그렇게 기도하게 한 것이 아니라, 그도 역시 기도 중에 하나님의 계시를 받고 조선어로 기도를 하라고 하였다.

이때 집회에 참가했던 사람들이 모두 성령을 받고 조선어의 기도 내용을 다 알았다는 데 놀라지 않을 수 없다. 그 후에 이 대회에 참석했던 사람들이 많은 은혜를 받았다는 말들을 남기었다. 그 집회는 이미 성공한 집회였다. 이때 무교회주의자였던 우찌무라는 가장 큰 영향을 받고 이렇게 말하고 있다.

참석자 중에 조선 사람이 있었는데 그는 은둔국(隱遁國)의 국민을 대표하는 명문가의 사람으로 일주일 전에 세례를 받고 자기 나라 의복을 항상 착용하는 기품(氣品)이 당당한 자로서 우리 중에 참가하고 있었다. 그는 자기 나라 말로 기도했는데 우리들은 그 마지막에 '아멘' 하는 소리밖에 알아듣지 못하였다. 그러나 그 기도는 무한한 힘을 가진 기도였다. 그가 출석하고 있다는 사실과 또 그의 말을 알아 듣지 못한다는 사실이 그 장소와 광경을 더 한층 오순절과 같이 만들어 주었다. 대친목회의 부흥을 완전히 펜타코스트(Pentecost)화하게 함에는 현실의 불같은 '혀'가 필요하지만(사도행전 2:3), 우리는 그것을 우리들의 상상력으로 보충하였다. 우리들의 머리 위에 무엇인가 기적이요 놀랄만한 사실이 일어나고 있다는 것을 온 회중이 느끼면서 다같이 감동되고 은혜를 받았다. 우리 회중 일동은 태양이 머리 위에 비치고 있지는 않은가 할 만큼 신기하게 여겼다. (우찌무라, 나는 어떻게 하여 기독신자가 되었는가, 63쪽)

우찌무라의 증언대로 이수정은 일본교계지도자들이 모인 가운데 큰 감동을 주었다. 특히 우찌무라 저서 중에 자신이 받은 은혜를 기록한 『나는 어떻게 하여 기독신자가 되었는가』라는 책은 한국 독자들에게 많이 읽혀졌던 책 중의 하나였다. 이들은 대회를 위해 야외에서 모였는데 때마침 아침 8시 30분부터 비가 옴으로 그 시간을 이용하여 5월 13일 도쿄 구단사카 스쓰끼 사진관에서 전국기독교신도 대친목회에 참석했던 주요 역원들만 사진을 촬영하였다. 여기에 모인 인물 중에 가장 눈에 띄는 지도자 몇 분이 있다.

▲ 이수정과 일본 기독교 지도자들 사진

앞줄 전면 오른쪽에서 에비나단죠(후에 도시샤대학 2대 총장), 구리하라, 유하사지로(후에 일본 중의원 의장), 이수정, 쓰다 박사(이수정에게 성경을 전했던 농학박사), 마쓰야마, 오꾸노(이수정으로 하여금 조선어로 기도하라고 부탁했던 목사), 둘째 줄 오른쪽에서 네 번째 니지마죠(동지사대학 창립자 겸 총장), 다섯 번째 우찌무라 간죠(무교회주의자이며, 성서학자), 특별히 이수정을 중심해서 주위에 함께 있는 지도자들은 일본 기독교뿐만 아니라 일본 사회를 이끌고 간 지도자들이었다.

사진 촬영을 다 마친 9시 30분부터 구름이 간데없고 맑은 하늘이 보이면서 태양이 찬란하게 비치고 있었다. 이때 참석했던 많은 사람들이 서로 주고받은 말 가운데 이수정에 관한 이야기가 빠지지 않았다.

"어제 조선인 이수정 씨 기도의 힘으로 오늘 우리가 막간을 이용해서 이처럼 사진도 촬영하고 사진을 다 찍은 후에는 또 이렇게 집회를 계속 할 수 있도록 맑은 날씨를 준 것도 하나님의 은혜이지만 오늘 마저 이수정 씨의 신앙 간증을 들을 수 있도록 한 일은 넓은 대지에서 할 수 있도록 한 특별한 배려라고 생각합니다."

"맞습니다. 역시 하나님께서 이수정을 우리 일본에 보내신 무슨 뜻이 분명히 있을 것입니다."

"아니야, 우리 일본 교회가 할 일이 있어. 아직 조선은 선교사도 없고 예수를 믿기만 하면 처형한다고 신사유람단이 말한 것을 들었는데 그러한 기억이 안나?"

"맞아."

서로 말하던 중에 어느덧 도쿄 중심에서 그리 멀지 않는 서북쪽에 자리 잡고 있던 닛보리(日暮里)에 있는 수성원(修性院)으로 이동하고 있었다. 이미 일본은 자동차가 시내를 질주하고 다녔으며, 심지어 자가용을 이용해서 대회에 온 참가자들이 있었다. 수성원에 도착한 교계지도자 및 일반 신도들은 수성원의 그 잔디를 보고 놀라고 말았다. 때마침 5월이라 벗꽃들도 활짝 피어 있었고 웃는 모습을 하고 있는 자태도 보여 주고 있었다.

그 주위 자연과 환경, 날씨까지 좋아서 잘 어우러져 있었다. 오늘도 하나님의 놀라운 역사가 있을 것을 믿고 참가자들이 자리에 앉자마자 무릎을 꿇고 기도하는 모습을 보았던 이수정은 더 많은 기도를 하고 있었다. 이수정은 참가자들이 기도하는 모습을 보고 놀라지 않을 수 없었다. 이미 이수정에게 자신의 신앙고백을 할 수 있도록 부탁을 하였기에 그는 기도하며 준비를 하던 중 감격스러운 마음으로 붓을 들고 자신의 신앙고백을 요한복음 14장을 본문으로 하여 글로 써 내려갔다. 그는 원래 한학자였고, 일본 사람들은 붓으로 쓰는 글을 아주 좋아하였다. 칠일잡지(七一雜誌) 기자가 취재 차 이 대회에 참가하고 그가 쓴 신앙고백을 그 잡지에 연재하였다. 그 내용을 살펴보면 다음과 같다.

삼가 아룁니다. 소생(小生)은 본래 작은 나라에서 태어나 배운 것이 작아서 문명의 개화를 알지 못하였는데, 근래 귀국에 와서 성령의 인도와 여러분의 두터운 사랑에 힘입어 세례를 받고 겨우 대도(大道)를 바라보게 되었습니다. 성서에 가르치는 바에 이르러서는 그 1만분의 1이라도 엿볼 수 없어서 어찌 감히 스스로 견해가 있다고 할 수 있겠습니까?
더구나 금일 성회에 있어서 어떻게 알지 못하는 소리를 함부로 할 수 있겠습니까? 그러나 마음에 시원치 못한 바 있어 억제할 수 없으므로 (참을 수 없는 정서) 여러분들께 질문코자 하오니 널리 용서해 주시기를 바라오며 우둔하고 몽매한 생각을 깨우쳐 주신다면 최대의 행복인 줄로 생각하겠습니다.
신약전서 요한복음 15장을 찾아보니 예수님께서 말씀하시기를 내가 아버지 안에 있고 너희가 내안에 있다 하였는데 그 오묘한 뜻은 밝히 나타난 대로 신앙의 열쇠가 되는 요지를 말씀하신 것이매 학자들은 연구하지 않으면 안 될 진리인고로 예수께서 거듭거듭 자세히 반복하여 말씀하신 줄 압니다. 여러 선생께서는 다 해득하셨을 줄 알지만 소생은 아직 깨닫지 못했음으로 열심히 연구하고 있습니다. 예수님께서 극력(極力)으로 깨우치게 하시기 위하여 이것으로써 때때로 계시하기를 아버지가 내 안에 있고 내가 아버지 안에 있으며 내가 너희 안에 너희가 내 안에 있음은 하나님과 사람이 서로 감응(感應)의 이치가 있음을 말씀하신 것으로서 이것은 믿음으로만 이루어진다는 것을 확증한 것입니다. (사나미, 우에무라와 그의 시대, 577-578쪽, 오윤태, 앞의 책, 65쪽)

여기까지 이수정이 붓글씨를 써 내려가면서 설명을 하는데, 앉아서 그의 신앙고백을 듣던 회중들은 한결같이 "다이헨 데스네(대단합니다). 스바라시 데스네(아주 훌륭합니다)."라고 하면서 모두 놀라고 말았다. 우찌무라도 놀랐으며, 그에게 세례를 주었던 야스가와 목사도 그만 놀라고 말았다. 이때 우찌무라는 그에게 세례를 주었던 야스가와 목사에게 질문을 던졌다.

"야스가와 선생님, 저 사람이 정말로 조선에서 온 사람입니까?"

"네, 맞습니다. 그에게 성경을 가르쳤던 나까다 선생님도 오셨으니 물어보면 알지 않겠습니까."

열심히 신앙간증을 하고 있는데 계속 사담을 나눌 수 없어서 끝난 다음에 이야기하고 강의를 듣자고 하자 이미 요한복음 15장 1절을 설명해 가고 있었다.

예수님께서 또 비유로 말씀하시기를 내 아버지는 포도원 농부요, 나는 포도나무이며, 너희는 가지라 하셨는데 그 이치는 어렵지 않고 쉽게 재빨리 이해할 수 있는 말씀인 줄 알고 있습니다. 소생(小生)이 무엇이라고 더 새로운 말로 설명할 수 있겠습니까? 예수님 당시에 사도들은 친히 가르침을 받아 전승되었음으로 아무 여념(餘念)이 없을 줄 아오나 오늘에 이르러서는 성세(聖世)가 지나간 지 이미 오래 됐음으로 두렵건대 학자들이 그 뜻에 있어 투철하지 못하여 큰 신앙을 일으키지 못할 염려가 있습니다. 대개 하나님과 사람의 감응(感應)에 대하여 이와 같은 비유로 말할 수 있습니다. 등(燈)의 심지가 타지 아니 한즉 빛이 없을 것입니다. 이 등대(燈臺)는 곧 도(道)에 향하는 마음이요 불붙는다는 것은 믿는 마음을 말하는 것입니다. 불은 하나님의 감응(感應)을 말하는 것임으로 믿는 마음으로 말미암지 않고는 하나님의 감응을 받을 수 없고 심지는 등이 없이는 있을 수 없는 것인즉 그런고로 등이 없을 때는 빛을 볼 수 없을 것이며, 믿음이 없으면 구원을 얻을 수 없을 것입니다. 만약 세례를 받고도 그 사람 마음 속에 참된 신앙이 없다고 한다면 성도라고 부를 수 없고 또한 그 사람됨이 불이 붙지 않는 심지 같아서 불이 붙지 않는다면 버림이 되어 사람의 발에 밟히게 되는 것과 같을 것입니다.

하나님이 하늘에 계시다 함이 종(鍾)에 소리가 있음 같아서 망치로 친즉 종(鍾)은 소리가 나기로 되어 있는데 만약 종(鍾)과 망치가 다 준비되어 있다 할지라도 치지 않으면 소리가 날 수 있습니까? 그런고로 등(燈)의 심지가 크면 타는 불빛같이 밝을 것이요, 작은 망치로 종(鍾)을 친즉 그 소리가 작을 것입니다.

그러나 많이 구하면 많이 얻고 적게 구하면 적게 이루어질 것은 정한 이치입니다. 이것은 삼위일체의 하나님을 믿는다는 뜻인즉 곧 내 몸이 삼위일체와 병합하여 하나가 된다는 것인데 대저 마음이 이렇게 됨으로써 "하나님의 전"이라고 말하게 되는 것입니다. 하나님이 내 몸 가운데 계시면 나 또한 하나님 속에 거하게 되는데 이렇게 될 때 하나님과 나 사이에는 머리털 하나도 용납할 만한 틈이 없게 되어 그가 나의 위에나 아래에 계신 것이 아니라 모름지기 내가 말하거나 침묵을 지키거나 움직이는 가운데 그가 함께 하는 고로 내가 구원받은 확증을 알고자 할진대(내가 구원받았는지, 받지 못하였는지 하는 확증) 자못 스스로 자기 마음에 신심(信心)이 있는가 없는가 하는 것을 살필 것뿐이요, 선생에게 물어볼 필요도 없고 하나님께도 질문할 필요가 없는 것입니다.

이것이 곧 하나님과 사람(여기에서는 '나'라 함이 더 좋은 해석인 줄 알음) 사이에 감응이 되었다는 산 체험인 것입니다. 단 이 진리에 깊은 연구가 없다 할지라도 하늘 위에는 반드시 내 아버지께서 계시고 예수 그리스도께서 계시며, 성령이 계심을 확신한다면 곧 죄구(罪救)함을 받고 하늘나라로 간다는 것은 의심할 필요가 없는 것입니다. 성령의 감화를 받으면 마귀의 유혹을 받지 아니하며 어두운 구렁텅이(사망의 음침한 구렁)에 빠지지 않고 하나님의 넓은 은혜를 받되 여기에는 진리를 통달했든, 못했든 간에 아무런 상관이 없고 단지 그 큰 은혜를 나누어 받을 뿐입니다.

만약 그렇지 않다면 불교의 설법(說法)과 차이가 없을 것입니다. 불교의 가르침은 "깨닫지 못하면 부처가 되지 못 한다."고 하는데 이 가르침은 사다리를 공중에 걸어놓고 사람으로 하여금 뛰어오르라 함과 같습니다. 그런고로 불교의 허망한 가르침과 성교(聖敎, 예수교)의 가르침의 어려움과 쉬운 것, 허무한 것과 진실 됨이 확실히 다르다는 것을 판단케 되는 것입니다. (사나미, 앞의 책, 577-578쪽, 오윤태, 앞의 책, 66-67쪽)

여기에 참여했던 일본 기독교 지도자들은 그가 너무나 섬세하게 강의를 잘하자 회의장이 떠나갈 듯이 박수를 쳤으며, 어떤 지도자는 일어나 서서 환호를 질렀다. 그가 이렇게 대대적인 환영을 받을 수 있었던 것을 보면 그가 얼마나 많이 기도를 했겠는가 하는 생각이 든다. 그가 이러한 강의를 할 수 있었던 것은 이미 안종수로부터 일본 기독교 지도자들의 실력이 어떠하다는 것을 전하여 들었기 때문이었을 것이다. 이러한 관계로 "이왕 믿을 바에야 확실하게 기독교 신봉자가 되자."라는 결심을 단단히 했으리라는 생각이 든다.

이미 이수정은 하나님이 예정해 놓은 선택받은 사람이었다. 이 자리에 참석했던 일본의 성서학자 우찌무라는 그의 강연이 끝나자마자 앞으로 다가와 손을 내밀면서 몇 번이고 "원더풀, 원더풀, 원더풀!" 하면서 그를 양손으로 껴안고 차가 준비된 곳까지 갔다.

"리쥬데이 선생님, 오늘 강연은 너무나 훌륭하였습니다. 역시 하나님께서 특별히 세우신 기독교 지도자이십니다."

바로 뒤를 이어 따라온 사람이 니지마였다. 니지마 역시 일본 기독교의 대표적인 지도자였다. 그도 따라 나와 말했다.

"리쥬데이 선생님, 참으로 은혜를 받았습니다. 역시 기도를 많이 하셨는지 성령이 충만한 내용의 강연이었습니다."

이어서 그에게 성경을 가르쳤던 나까다 목사도 앞으로 달려 나와 그를 칭찬하고 나섰다.

"리쥬데이 선생님, 제가 성경을 가르칠 때부터 너무나 종교성이 강하다는 것을 미리 알았습니다."

그에게 세례를 베풀었던 야스가와 목사 역시도 놀라고 말았다.

"역시 리쥬데이 선생님은 세례문답 할 때 눈빛을 보고 제가 놀랐었습니다. 보통 눈이 아니었습니다. 성령이 임재하고 있음을 제가 보았습니다. 질문에 대답할 때마다 리쥬데이 선생님의 얼굴에는 성령의 빛이 일어나고 있었습니다."

일본 사람들은 직설적으로 말하지 않고 우회적으로 말을 많이 사용하는데 이날만은 본심 그대로 말한 것으로 보아 그의 인격과 믿음이 얼마나 큰 가를 잘 보여준 장면이었다. 이러한 명 강의가 나올 줄 알고 세례를 받은 지 얼마 안 된 사람이 일본 기독교 지도자의 강사로 왔다는 그 자체가 이미 하나님의 섭리중에 세우신 종이라는 증거였다. 모두들 그렇게 말하고 있었다.

하여간 우찌무라를 비롯해서 많은 일본 기독교 지도자들이 이수정을 '리쥬데이 선생'이라고 불렀다는 것은 그의 신앙심과 인품에 많은 감동을 받았던 증거라고 말할 수 있다.

여기에 참석하여 놀란 사람이 또 있었다. 바로 그에게 성경책을 전해 주었던 쓰다 박사였다. 그의 인격에 고개를 숙였던 이수정은 그의 인격에 감동을 받았기에 쓰다 박사의 은혜를 잊을 수가 없었다.

"리쥬데이 선생, 오늘 강연은 참으로 훌륭했습니다. 조선의 학자다운 품위가 보였습니다. 성경에 있는 대로 '먼저 된 자가 나중 되고 나중 된 자가 먼저 된다.'는 말씀은 리쥬데이 선생을 두고 한 말인 것 같습니다."

"쓰다 박사님, 그 말씀도 틀린 말이 아닙니다. 그러나 제가 성경을 볼 때마다 쓰다 박사님의 청교도적인 신앙심을 늘 생각하면서 생활해 왔습니다. 여기에 제가 강연을 한다는 말에 쓰다 박사님께서는 얼마나 많이 기도를 해 주셨습니까."

그런데 이수정의 강연에 일본 언론에서도 관심을 갖고 "조선 리쥬데이 선생이 기독교 강연을 하다." 또는 쓰다 박사에게서 전도를 받았던 이수정의 강연에 쓰다 박사가 오히려 은혜를 받았다는 내용이 기사화되었다. 일본 기독교 잡지의 칠일잡지(七一雜誌)에 이 강연 내용이 게재되었다. 이 잡지를 읽었던 독자들로부터 이수정 강연에 대한 격려의 전화가 잡지사로 오자 잡지사에서는 이수정의 글을 읽고 소감을 제출해 준 독자들이 많아 센세이션을 일으켰다. 오윤태 목사는 이 글을 읽고 몇 가지로 정리를 하였다. 그 내용을 살펴보면 다음과 같다.

1. 이수정은 분명코 성령의 감화를 받아 영적 진리를 깊이 깨달은 사람이라고 하지 않을 수 없다.
2. 그가 세례문답을 할 때 물어보는 목사들까지 놀라게 한 것을 보아 일찍부터 기독교의 신앙심과 소양이 있지 않았는가 생각하는 바이며,
3. 안종수에게서 쓰다의 집에 있는 산상수훈의 족자에 대한 말을 듣고

일본으로 올 생각이 불 일 듯 일어났다 했으니 그를 일본으로 인도
함은 성령의 역사로 한국 기독교의 선구자가 되도록 함이 하나님의
섭리인 줄 아는 바이다. (오윤태, 앞의책, 67쪽)

2. 이수정과 우찌무라의 만남

우찌무라는 일본의 대표적인 기독교 지도자이며, 세계적인 성서학자이다. 우찌무라가 이수정을 깍듯이 존경했던 이유가 무엇이었을까. 첫 번째는 한자를 써내려가는 그의 한문 실력에 놀랐고, 두 번째는 일본에 도착한 지 7개월밖에 되지 않았는데 일본어를 너무나 잘 했다는 점이다. 세 번째로 그 짧은 기간에 일본기독교대회에 참석했던 회중들의 마음을 한 손에 휘어잡았다는데 놀라지 않을 수 없다.

▲ 삿보로밴드 출신인 우찌무라는 무교회주의자로서 일본이 낳은 세계적인 성서학자이다.

그러면 이수정의 강연을 듣고 놀란 우찌무라는 어떠한 인물이었을까. 그는 1861년에 에도(현 도쿄)의 다까사끼(高崎) 제후(諸侯)의 가문에서 출생하였다. 철저한 사무라이(武士) 가문이었기에 유교적 문화권에서 성장하였다. 이러한 관계로 다신교의 신앙을 갖게 되어 결국은 하루가 멀다 하고 신사를 찾아다니면서 자신의 장래를 부탁

할 정도로 신앙심이 대단하였다. 1877년 홋가이도 삿보로(札幌)에 있는 삿보로농학교(현 홋가이도대학 농학부)에 입학하였다. 삿보로농학교는 일본이 천황제 중심 국가가 되면서 일본 엘리트를 양성해야 한다면서 1872년 도쿄에 설립한 도쿄 개척농학교이다. 그러나 당시 일본은 영토확장에 힘을 기울이면서 홋가이도를 개척했고, 황무지 같은 홋가이도에는 일본의 젊은 엘리트들이 가야 한다면서 1875년 도쿄 개척 농학교를 홋가이도로 이동하고 삿보로농학교라 불렀다. 이때 일본 정부에서 미국의 유명한 메사추세츠농과대학 학장 농학박사 클라크(W. Clark)를 초빙하였다. 클라크 박사는 철저한 청교도적인 분위기에서 신앙이 성장했기 때문에 일본에 가서도 젊은 청년들에게 성경을 가르쳐야 한다면서 영어성경 50권을 짐 속에 가지고 왔다.

"이 책은 무슨 책이기에 이렇게 많이 가지고 왔습니까?"

요꼬하마 항에서 짐을 검사하는 세관원에 의해 발견되고 말았다.

"네, 이 책은 하나님의 말씀인 바이블입니다."

"성경책이요, 아직 우리 일본에서는 성경책을 갖고 입국할 수 없습니다. 압수하겠습니다."

"저는 일본 개척 장관의 초청을 받고 왔는데 입국하는데 이 책을 갖고 입국할 수 없으면 그냥 돌아가겠습니다."

클라크 박사가 곧바로 돌아가겠다는 말에 세관원은 어찌할 바를 모르고 있었다. 이때 그 세관원에게 지혜를 주었다.

'그냥 눈감아 주자.'

이렇게 해서 영어성경 50권을 눈감아준 세관원의 도움으로 영어성경을 껴안고 일본 정부 개척 장관이 보낸 관리의 도움으로 무사히 도쿄에 도착하였다. 개척 장관 구로다를 잠깐 상견례하고 곧바로 홋가이도에 있는 삿보로농학교를 향하여 갔다. 그는 1년 간 계약이었기에 도착하자마자 매일 수업을 시작하기 전 15명 학생 전원에게 영어성경을 나누어 주고 매일아침마다 성경을 영어로 가르쳤다. 참으로 재미있는 시간이었다. 아침 수업이 시작되면서 농업에 대해서 강의를 하였다. 성경을 배우기 위해서 들어온 15명 학생 전원이 세례받기를 원하자, 하꼬다데에서 선교사역을 하고 있는 미국 감리교 하리스 선교사에게 세례를 받고 삿보로로 돌아와서 삿보로 독립교회를 운영하였다. 클라크 박사는 계약 임기가 다 끝나자 하꼬다데 항에서 제자들과 일일이 악수를 다 한후 유명한 말을 남기고 갔다. "Boys, Be Ambitious!"(젊은이여, 대망을 가지라!) 삿보로농학교 학생들은 클라크 박사의 그 유명한 말을 마음속 깊이 되새기면서 일생을 살아갔을 뿐만 아니라 일본 모든 청소년들이 그의 말을 기억하면서 자기에게 주어진 일에 최선을 다하게 되었다.

　우찌무라는 클라크 박사가 떠난 1년 후에 삿보로농학교에 입학하였는데 선배들이 모두 영어성경책을 펴들고 아침마다 영어성경 공부하는 일에 감동 되어 자신도 그 모임에 참여하기를 원하자 서약서를 내고 1년 선배들과 함께 공부를 할 수 있었다. 2기생으로 입학했던 우찌무라는 선배들의 신앙 열의에 놀랐다. 영어로 자유롭게 토론하면서 자연히 영어공부에 큰 유익을 얻을 수 있었다. 또 좋은 친

▲ 삿보로 농학교 교수로 재직하면서 학생들에게 기독교 신앙을 심어 주고 삿보로밴드를 형성시켰던 W.S. 클라크 박사

▲ 클라크 박사가 학생들에게 배포했던 영어성경

▲ 홋가이도 대학 농학부(옛 삿보로 농학교)앞에 건립된 클라크 박사 기념동상

구들을 사귈 수 있었던 일도 그가 삿보로 밴드(札幌盟約)에 참여함으로 삿보로 밴드를 이끌어 갈 수 있는 중심인물이 되었다. 더욱이 삿보로 밴드는 후에 반전 운동, 평화운동에 공헌하는 데 많은 힘이 되기도 하였다.

우찌무라는 이수정이 자신보다 나이가 많은 대 선배였지만 신앙을 체계적으로 배운 일이 없는 이수정이었기에 그의 강연은 그에게 큰 자극을 주었다. 이때 우찌무라는 속으로 결심하고 바로 미국으로 가서 미국의 기독교를 바로 알고 나도 이수정 같은 삶을 살겠다고 몇 번이고 다짐하였다. 제3회 일본기독교대회가 끝나고 장시간 이수정과 신앙 이야기를 나누고 나서 자신이 일본을 정신적으로 이끌려면 미국을 가야 한다면서 도시샤대학 창설자인 니지마를 만나 그가 졸업했던 아모스대학에 추천을 받아 그 대학에 입학하고 기숙사에 있으면서 미국인 학생들과 함께 신앙생활을 하였던 우찌무라는 그들의 신앙에 놀라고 말았다. 늘 니지마에게 들었던 이야기들이 하나 둘 생각나기 시작하였다. 모든 대학생들의 신앙이 청교도적 신앙임에 다시 놀랐다.

아모스대학을 졸업한후 하드포드신학교에 진학하고 신학을 연구하던 중 졸업을 하지 못하고 1888년에 귀국하였다. 그는 이수정을 전도했던 쓰다 박사와 함께 도쿄에서 활동하고 있으리라고 생각하고 이수정에 대한 근황을 여쭈어 보았다.

"리쥬데이 선생은 일본에 머문 동안에 몇 가지 큰일을 하였습니다. 우선 그가 그렇게 원하던 선교사 유치 운동에 성공하여 미국 북장로교회 소속 언더우드 선교사, 헤론 의료선교사, 미국 감리교회 소속 아펜젤러 선교사 부부, 스크랜턴 선교사 가족들이 현재 조선에 신앙의 자유가 허락되어 활발하게 선교사업이 진행하고 있습니다. 이외에도, 마가복음서를 번역해서 선교사들이 조선에 갈 때 가지고 갔었으며, 또 하나는 조선에서 유학 온 30여 명을 모아 놓고 주일학교를 운영하였습니다."

"그래, 미국에서 신학교에 진학했다는 말을 들었는데 신학교는 졸업을 하시고 오신 것입니까?"

"아닙니다. 졸업은 못하고 성경을 연구하는 방법론만 배우고 그냥 왔습니다. 이제 삿보로에서 일을 계속하려고 계획을 세울까 하고 있습니다."

"쓰다 박사님, 리쥬데이 선생에게 연락할 수 있는 조선 주소가 있으면 하나 적어주시면 감사하겠습니다."

"우찌무라 선생님, 리쥬데이 선생은 조선 정부의 소환으로 귀국하였지만 결국 1886년 5월 28일 경상도 울산에서 처형되었다는 소식만 들었지 더 자세한 내용을 잘 모르겠습니다."

"제가 도쿄에 오면 다시 방문하겠습니다."

이렇게 해서 이야기를 나누었던 우찌무라는 곧 홋가이도 삿보로로 향하여 갔다. 삿보로에서 독립교회로 모이던 동지들은 여전히 삿보로 독립교회에 모여 계속해서 성경을 연구하고 기도하고 일본이 복 받는 길은 예수를 바로 소개하는 일이라면서 삿보로 독립교회를 이끌어 가게 됐다. 이 교회를 일본에서나 한국에서는 무교회주의라 부르고 있으며, 우찌무라는 무교회주의를 체계적으로 이끌고 간 인물이 됐다.

3. 성경 번역과 루미스 선교사

　　루미스(H. Loomis, 1839-1920)는 미국 북장로교 및 일본 주재 미국성서공회 선교사로서 1872년 파송되었다. 그는 일본에 도착하자 요꼬하마에 자리를 잡고 선교활동을 하던 중 1874년 요꼬하마제일장로교회(현 시로교회)를 설립하였다. 이 교회를 창립했던 루미스 선교사는 일본인 최초의 목사인 오꾸노 목사의 도움을 받아 일본어 찬송가를 발간하였다. 1876년 몸이 허약하여 잠시 귀국하였다가 건강이 다시 회복되자 1881년 일본 주재 미국성서공회 총무로 파송을 받고 일본 요꼬하마로 다시 오게 됐다. 이미 헵번 선교사가 일본어로 번역해 놓은 성경을 출판하는 일은 루미스 선교사의 몫이었다.

　　루미스 선교사는 일본어 성경을 출간하는 일로 만족하지 않고 언젠가는 조선에도 선교의 문이 열려지게 되면 조선어로 된 성경이 필요하다고 생각했다. 루미스 선교사는 1882년 임오군란 시 민비의 생명을 건진 공로로 도일하였던 이수정과 1884년 갑신정변 이후 일본으로 망명온 김옥균, 박영효 등을 만나 이야기를 나누는 사이, 이수정의 그 열정적인 신앙심에 감동이 되어 조선을 더욱 사랑할 수밖에 없게 되는 뜨거운 성령의 역사가 일어나고 있었다.

　루미스 선교사는 쓰다 박사가 운영하는 호텔에 머무는 동안 쓰다 박사와 대화하면서 이수정에 대한 이야기를 자세하게 들을 수 있는 기회를 갖게 됐다.

4. 이수정 마가복음서 출간

　쓰다 박사로부터 성경을 선물로 받은 이수정은 하나님의 큰 축복을 받았다. 그는 만일 안종수를 만나지 않았으면 어떻게 되었을까 생각하면서 성경을 열심히 읽고 있었다. 그는 1883년 5월 제3회 일본기독교대회 강사로 나가 강연을 할 수 있었던 것도 이렇게 성경을 많이 읽고 기도하면서 연구했던 결과였다고 일본 사람들을 만날 때마다 그 사실을 알렸다. 또한 자신을 쓰다 박사에게 소개했던 안종수에 대해서는 늘 감사하게 생각하였다. 그리고 성경을 읽으면 읽을수록 은혜가 되고, 자신에게 새로운 진리를 터득할 수 있는 지혜가 주어지자, 밤잠을 자지 않고 성경을 읽을 때가 한두 번이 아니었다. 그러던 어느 날 밤늦게 잠이들려 하는데 하나님의 계시가 머리를 스치고 지나가고 있었다.

　　'수정아, 성경이 그렇게 좋으면 장차 조선 사람도 읽을 수 있도록 번역을 해야 하지 않겠느냐.'

　이때 이수정은 벌떡 일어나 무릎을 꿇고 하나님께 기도를 드렸다.

"하나님, 너무 감사합니다. 제가 최선을 다해 한글로 번역해서 조선에 살고 있는 우리 동족들에게 전하겠습니다."

그는 이 말을 마치고 다시 잠이 들었다. 다음날 아침이 밝아 오자 그는 일본에서 처음 드렸던 성탄절 예배 시 도쿄제일교회에서 만났던 미국성서공회 총무 루미스 선교사를 만나야겠다는 마음을 갖고 도쿄역에서 기차를 타고 요꼬하마에 자리 잡고 있는 루미스 선교사의 사무실을 찾아 나섰다.

"루미스 총무님, 저 이수정입니다. 너무 일찍 와서 죄송합니다."

"어서 오십시오. 무슨 좋은 일이라도 있습니까."

'네, 어제 밤에 잠을 자는데 난데없이 하나님의 음성을 들었습니다. 빨리 조선어로 성경을 번역하라는 말씀이었습니다. 그래서 그 일을 의논하려고 이렇게 일찍이 찾아뵙게 됐습니다."

"참으로 잘 오셨습니다. 그렇지 않아도 얼마전에 쓰다박사를 만나서 선생님의 이야기를 했었습니다. 저도 앞으로 조선 땅에도 복음이 전파되어야 하는데 그렇게 하려면 먼저 성경을 조선말로 번역하여 출간해야 한다고 몇 번이고 생각했었습니다. 하여간 잘 오셨습니다."

두 사람의 대화를 성령께서 연결해 준 것이라고 확신한 루미스 선교사는 너무 반가워하며 일본어로 된 성경과 한자로 된 성경을 모두 내 놓고 당장 번역을 시작하자고 제의했다. 한문에 실력이 있었던 이수정은 성경을 번역하기로 하였다. 이수정은 자신의 나라를 위해서 일을 하는데 루미스 선교사가 좋은 일이 생길 것이니 열심히 해보자고 하자 고마운 마음이 들었다. 그리고는 둘이 사무실로 갔다. 어느덧 점심시간이 됐다. 사무실에서 그리 멀지 않은 양식집에서 두 사람은 음식을 시켜 놓고, 루미스 선교사의 간곡한 기도후 식사를 하면서 진지한 대화를 나누었다.

"리쥬데이 선생님, 오늘 도쿄에 가서 짐을 다 싸가지고 요꼬하마로 오세요. 제가 하숙비, 그리고 번역비 드리고, 책이 번역되면 출판까지 다 완료하겠습니다."

"제가 너무 많은 신세를 지는 것 아닙니까?"

"그런 걱정은 마세요. 이미 미국성서공회로부터 예산을 모두 확보해 놓았습니다."

그동안 이수정은 일본에서 생활하면서 일본인 목사, 도쿄외국어학교의 강사비, 여기에 쓰다 박사 등이 챙겨주는 용돈으로 생활을 근근이 영위했었으며, 때로 주일에 간증설교를 하고 받는 수고비로 생활했는데, 이제는 그러한 걱정을 하지 않게 되었다. 정말로 성경말씀이 머리를 스치고 지나가고 있었다.

▲ 요꼬하마에서 최초로 발간했던 마가복음 인쇄소 장소

그러므로 내가 너희에게 이르노니 목숨을 위하여 무엇을 먹을까 무엇을 마실까 몸을 위하여 무엇을 입을까 염려하지 말라 목숨이 음식보다

3부 | 이수정의 선교사 유치 운동

중하지 아니하며 몸이 의복보다 중하지 아니하냐 공중의 새를 보라 심지도 않고 거두지도 않고 창고에 모아들이지도 아니하되 너희 천부께서 기르시나니 너희는 이것들보다 귀하지 아니하냐 너희 중에 누가 염려함으로 그 키를 한 자나 더할 수 있느냐 또 너희가 의복을 위하여 염려하느냐 들의 백합화가 어떻게 자라는가 생각하여 보라 수고도 아니 하고 길쌈도 하니 하느니라 그러므로 내가 너희에게 말하노니 솔로몬의 모든 영광으로도 입은 것이 이 꽃 하나만 같지 못하였느니라 오늘 있다가 내일 아궁이에 던지우는 들풀도 하나님이 이렇게 입히시거든 하물며 너희일까 보냐 믿음 적은 자들아 그러므로 염려하여 이르시기를 무엇을 마실까 무엇을 입을까 하지 말라 이는 다 이방인들이 구하는 것이라 너희 천부께서 이 모든 것이 너희에게 있어야 할 줄을 아시느니라 (마태복음 6 : 25-31).

이 말씀이 스치고 지나간 사이 이수정은 다시 한번 하나님께 기도하면서 성경을 조선 사람이 읽을 수 있도록 번역하는 데 최선을 다하겠다고 몇 번이고 다짐하고 나섰다. 우선 루미스 총무의 요청에 의해 성경을 번역하였는데 원래 한문 실력이 있는지라 그의 번역 속도는 무척 빨랐다. 성경을 한글로 번역하기 전 1884년 5월까지는 한자 본문에 한문글자에서 만들어진 우리말로 토를 달아 한자본문을 읽게하는 현토한한(懸吐漢韓) 마태복음, 마가복음, 누가복음, 요한복음, 사도행전을 번역했다. 현토한한 성경은 신라시대에 사용했던 이두(吏讀)문자 성경이라 할수 있는데, 역시 한자를 알아야 읽을 수 있다는 점에서 대중들이 볼 수 없다 하여, 조선의 일반 대중들이 읽을 수 있도록 우리말 번역 작업을 하게 된것이다.

다시 루미스 선교사의 도움으로 1884년 6월부터 조선에서는 남자, 여자 여기에 천민 양반 할 것 없이 누구나 읽을 수 있도록 한글로 마가복음서를 번역했다. 그리고 번역된 원고를 루미스 선교사에게 전달하였다.

일본에서도 일본어로 성경을 번역할 때 일본어 성경 원본은 한문성경이었다. 한문성경은 1807년 런던선교회 소속으로 중국 선교사로 나왔던 모리슨(R. Morrison) 선교사가 먼저 착수하였으나 마일내(W. Milne)가 1813년에 도착하여 그의 도움으로 1814년에 신약성경을 완역하였으며, 그 후 1823년에 비로소 신·구약성경이 중국 한문으로 출간되었다. 이렇게 두 선교사의 노력 끝에 중국 한문 성경이 출판되면서 중국 전도의 기초가 되었으며, 이를 기초로 해서 일본, 조선 및 기타 한자문화권에 속한 아시아의 여러 지방 방언으로 번역하는 데 기초가 되었다. 일본에 일찍이 자국민의 선교 및 예배를 인도하기 위해서 입국했던 헵번, 브라운, 그린 선교사 등은 1859년 중국 상해에서 발행했던 중국어 신약성경을 가지고 오지 않고 모리슨과 마일내가 번역했던 최초의 한자 성경책을 가지고 와서 일본인들에게 보여 주면서 1878년 요꼬하마 가나가와에 있는 성불사에서 성경을 번역하였다.

여기에 헵번은 일본성경번역위원회를 조직하였으며, 다시 일본의 국문학자를 참여시켜 번역을 하였다. 이러한 결과로 1872년 마가복음, 요한복음, 1873년 마태복음, 1875년 누가복음, 1876년 로마서,

그 다음 해부터는 빌레몬서, 갈라디아서, 베드로전·후서, 유다, 골로새서, 요한계시록 순으로 1880년에 신약성경이 완역되어 출간되었다.

이러한 경험이 있었던 루미스 총무는 이수정에게 부탁을 하였으며, 이 일로 일본어 성경과 중국어 성경을 참고하여 마가복음서를 탈고하여 1884년 12월에 요꼬하마 복음인쇄소에서 1,000부를 인쇄

▲ 신약성서 마태전

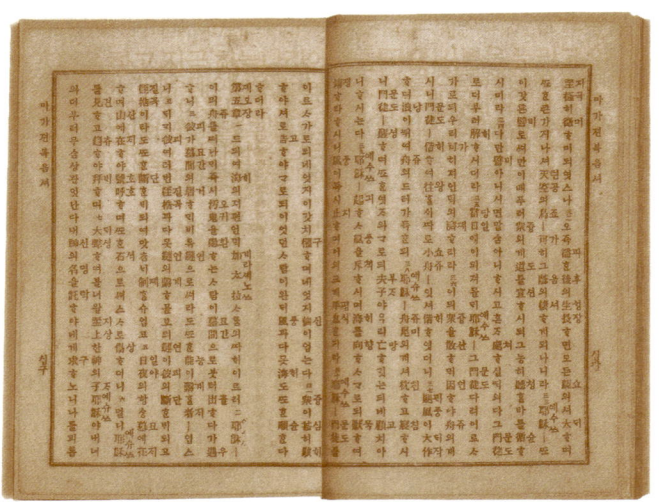

▲ 이수정이 일본 요꼬하마에서 발행했던 마가복음서다. 조선의 지식인 및 민중이 함께 읽을 수 있도록 번역하였으며 1885년 4월 15일 아펜젤러와 언더우드 선교사가 인천 제물포항에 도착할 때 가져왔다. 특이한 것은 예수를 "예수쓰", 하나님을 신(神)으로 표기하였다.

한국 기독교 선구자 이수정

하였다. 이처럼 일이 빨리 진행될 수 있었던 것은 전체가 16장밖에 안 되는, 가장 장수가 짧은 마가복음서였기 때문이다. 또한 이미 소개했던 대로 중국 성경과 일본성경을 참고로 하면서, 지혜를 발휘하여 내용도 좋게 마가복음서를 완역 출간하였다. 특별히 이수정 역은 도쿄외국어학교 조선어학 교수로 재직 중이던 손붕구의 손에 의해 교정 교열이 되었기에 가장 잘 된 성경번역이었다고 말하고 있다.

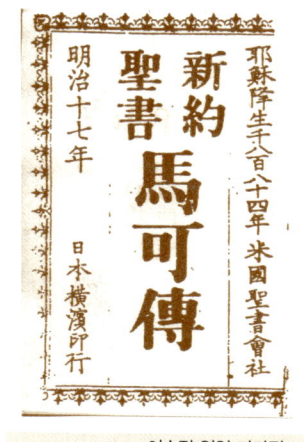

◀ 이수정 역인 마가전

이수정 성경번역 조력자는 손붕구로서 그는 본래 불교 대학자로 1881년 신사유람단의 수행원으로 왔다. 이수정과는 가까운 친구이며 그때 도쿄외국어대학 교수로 일본어에 능숙하였다. 그 학교 직원 명부에서 '조선 교수 손붕구, 1882년 3월부터 1883년 8월까지 근무하였다.' 는 기록을 찾아 확인하였다. 이 학교의 조선어과 교수는 손붕구가 첫 번째이고, 그의 후임자가 이수정이다. 그는 이수정의 전도로 기독교로 개종하였으며, 성서번역을 도왔다.(리진호, 한국성서번역사, 122쪽, 서울:대한기독교서회, 1996)

손붕구의 협력으로 마가복음서가 완성단계에 있을 때 또 한 사람의 수고가 있었다. 그 사람은 이수정이 세례를 받을 때 입회했던 미국 북장로교 선교사로서 메이지학원대학 신학부 교수로 재직하고 있던 낙스 선교사였다. 낙스 선교사가 이수정의 조수로 같이 일하면서 그가 필요하다면 무엇이든지 갖다 주고, 마가복음서야말로 조선 사람들이 많이 읽어야 할 책이란 것을 함께 인식하고 있었기에 그의 협력은 이수정에게 큰 힘이 됐다. 사실 낙스 선교사는 이수정의 은사나 다름없는 사람이었음에도 한 민족을 구원시키기 위해서 애쓰는 그의 모습은 바로 성경에서 보았던 모습이었다. 이렇게 실제로 본이 되어 말씀대로 살고 있는 모습을 보여 줌으로써, 조선민족을 주의 백성으로 만들겠다는 이수정의 의욕을 더욱 강하게 만든 일에 큰 힘이 되었다.

"손붕구 교수님, 이제 이수정 씨의 마가복음서 원고가 탈고됐는데 한 번 더 살펴주시면 감사하겠습니다. 더욱이 조선 사람들에게 전해야 할 성경책인데 문장에 있어서 잘못된 부분이 있으면 큰 일이 아니겠습니까? 일본어 성경도 완역을 해놓고 일본인 국문학자들이 여러 번 윤독하면서 수정하고 또 하고 해서 출간하여 배포했을 때 모두들 좋아했습니다."

"네, 루미스 선교사님의 말이 맞습니다. 제가 다시 처음부터 세밀하게 보겠습니다. 처음 보았을 때와 두 번째 보는 때가 다르지요. 두 번째 볼 때 오자가 나오기도 합니다."

루미스 선교사의 간곡한 부탁을 받았던 손붕구 교수는 자신의 연구실에 원고를 가지고 가서 밤늦도록 보았다. 이렇게 3일 동안 밤을 새면서 수정을 하였다. 이러한 관계로 마가복음서 1장 하면 무슨 내용이 있고, 2장 하면 무슨 내용이란 것을 알 정도로 통달하게 됐다. 마가복음 16장 20절까지 다 읽고는 교정 교열에 아무 이상이 없다는 '오케이' 사인을 한 뒤 직접 도쿄에서 요꼬하마에 있는 루미스 선교사 사무실까지 가지고 갔다. 가는 동안에 좋은 책이 하루 속히 발간되기를 간절히 기도했다.

"루미스 선교사님, 저 손붕구입니다. 이제 인쇄를 해도 될 것 같습니다. 제가 기도하면서 교정 교열을 보았기에 이 책을 받아 읽은 독자들이 놀랄 것입니다."

"참으로 수고하셨습니다."

다른 사무실에서 손붕구를 기다리고 있던 이수정도 손붕구가 왔다는 말에 루미스 선교사의 방으로 들어와 합석하였다. 모두 환한 웃음으로 아침을 만나게 됐다. 먼저 이수정이 제안했다.

"먼저 기도를 하고, 인쇄소로 갑시다."

이 말에 고개를 끄덕이며 동의하던 루미스가 이수정에게 기도를 부탁하였다.

"아닙니다. 최종적으로 교정과 교열을 보았던 손붕구 교수님에게 부탁합시다."

"좋습니다."

마가복음서가 처음으로 인쇄되는 그날 아침, 세 사람은 모여서 기도를 하였다. 손붕구 교수의 기도가 끝나자, 루미스 선교사가 기도하였다. 옆에 있던 이수정도 성령의 역사로 기도를 하고 세 사람이 똑같이 '아멘'으로 기도가 끝났다. 루미스 선교사와 함께 두 사람은 완성된 마가복음서 원고를 들고 1884년 12월 요꼬하마 복음인쇄소에서 1,000부를 발간해 달라는 부탁을 하고, 다시 루미스 선교사 집에서 점심을 한 후, 손붕구 교수는 도쿄로 올라가고 이수정은 마지막 인쇄된 마가복음서를 보고 가기 위해 루미스 선교사 사무실로 자리를 옮겨 갔다.

다시 이수정은 조선에 갈 선교사가 머물고 있는 숙소로 향하였다. 그들을 모아 놓고 한글을 가르치기 위해서였다. 이수정은 그들이 머물고 있는 곳을 향하여 걸어가면서, '주여, 감사합니다. 주님의 은혜가 아니고는 있을 수 없는 일입니다. 너무나 감사합니 다.' 하고 몇 번이나 혼자서 생각하면서 그들을 만났다.

선교사들은 지난 날에 복습하라고 했던 부분을 열심히 복습하고 있었다. 그런 모습을 본 이수정은 또 한 번 놀랐다. 그리고 이들이 이렇게 열심히 공부하는 모습을 보고 조선 선교는 꼭 성공할 수 있다는 확신을 갖게 됐다. 한편 루미스 선교사는 시간이 되는 대로 이수정을 소개하고 다녔다. 우선 자신이 설립한 요꼬하마제일장로교회(현 시로교회)에 이수정을 소개하였다.

"친애하는 교우 여러분, 오늘은 조선에서 오신 리쥬데이 선생님을 소개합니다."

이수정은 강단에 등단하여 요꼬하마제일장로교회 교인들에게 조선 현실에 대해서 간략하게 소개하였다.

"지금도 조선에서는 참 하나님을 알지 못하고 잡신을 섬기고 있습니다. 저는 루미스 선교사의 도움으로 한글로 마가복음서를 번역해서 출판하였습니다. 그리고 곧 미국에서 온 선교사가 조선에 학교와 병원을 설립하여 백성들의 건강을 돌보며 육신을 진료하게 되었습니다. 이 일은 일본에 주재하고 있는 선교사들의 기도와 또 일본 목사님들의 기도 덕분임에 감사하며, 요꼬하마제일장로교회 교인들의 기도의 힘 역시 컸음을 감사드립니다."

이때 요꼬하마제일장로교회 교인들은 이수정의 그 유창한 일본어에 그만 넋을 잃고 말았다. 예배가 끝나자 모두가 이수정과 악수를 하려고 줄을 서서 기다렸다. 그러면서 하는 말이 한결같이 "조선을 위해서 기도합시다. 어쩌면 그렇게 일본어를 잘합니까?" 하며 모두들 놀래고 있었다. 이수정의 부탁을 받은 교인들은 모일 때마다 조선 선교를 위해서 기도하게 되었다.

5. 미국으로 서신을 보낸 이수정

이수정은 조선에 선교의 문이 열려 선교사들이 오기만 하면, 그들이 가지고 갈 마가복음서는 이미 준비 중에 있으므로, 조선도 일본처럼 복 받고 살 수 있는 날이 쉽게 올 것이라 기대하며 기도하면서 준비하고 있었다. 어느 날 야스가와 목사와 쓰다 박사를 한 자리에서 만났다.

"야스가와 목사님, 제가 미국 교회에 선교사를 보내 달라는 서신을 쓰겠습니다. 그때 야스가와 목사님과 쓰다 박사님께서 도와주시면 감사하겠습니다. 제가 영어를 잘 모르니까 두 분의 협력이 필요합니다."

"리쥬데이 선생님, 어렵게 할것 없이 일본 목사님들이 선교하러 가면 어떻겠습니까?"

"아직 조선에서는 일본인에 대한 좋지 않은 감정이 일부 남아 있습니다. 좋다고 하는 사람도 일부 있지만 싫다고 하는 사람이 더 많습니다. 미국에서 선교사를 파송했으면 제일 좋겠습니다."

"네, 그러면 리쥬데이 선생께서 초안을 만들어 가지고 오시면 쓰다 박사께서 1차로 보고 영어로 번역하고 그 번역한 것을 낙스와 루미스 선교사에게 보여 주어서 영문으로 다시 교정 교열해서 보내면 좋겠습니다."

이러한 결론을 얻은 이수정은 왜 미국 선교사를 부르자고 했을까. 그가 일본에 와 있는 동안 일본 근대화에 미국 선교사들의 역할이 컸음을 알고 미국 선교사가 한국에 오기만 하면 잘 살 수 있는 나라가 될 것임을 확신했던 것이다. 또 그 일을 위해서 기도를 많이 해왔었다. 드디어 그는 자신의 숙소에서 시간 가는 줄도 모르고 기도를 한 후, 펜을 잡고 다음과 같이 미국 교회에 호소의 서신을 써 내려갔다.

예수 그리스도의 종인 나 이수정은 미국에 있는 교회의 형제자매들에게 문안드립니다. 진리와 신앙의 힘에 의하여 내 주의 큰 축복을 받아 내 기쁨은 측량할 수 없습니다. 여러분들의 기도와 배려로 말미암아 우리들은 신앙을 지킬 수 있었으며, 사탄의 유혹에 흔들리지 않고 우리 주께 영광과 찬송을 돌릴 수 있는 생활을 계속하고 있습니다.

조선의 1천만 동포는 아직까지 참 하나님에(살아계신 하나님) 대해서 알지 못하고 이교도의 생활을 하고 있습니다. 저들은 아직까지 구세주의 은총을 입지 못하고 있습니다. 이러한 복음전파의 시대에 조선은 불행히도 기독교의 축복을 누리지 못하고 있는 지구의 어두운 구석에 처박혀 있습니다. 그러므로 나는 복음을 전파하는 수단으로 삼기위해 성경을 조선어로 번역하고 있습니다. 이 사업의 성공을 위하여 나는 밤낮으로 기도하고 있습니다. 마가복음은 거의 완성되었습니다.

나의 동포 중 다섯 명이나 나와 똑같은 마음을 품고 있습니다. 그들은 이미 세례를 받았습니다. 성경의 가르침을 기꺼이 받는 사람들은 더욱더 많으며, 기독교인이 될 것으로 기대하는 사람들의 수효는 매일 증가합니다.

과거 7,80년 동안 프랑스의 선교사들은 조선에서 비밀히 그들의 교리를 전해 오고 있었습니다. 정부는 그들의 종교(천주교)를 엄격히 금지시켰고, 개종자들은 연령이나 성별을 불문하고 사형에 처해졌습니다. 그러나 그들은 자신들의 믿음을 고수하고 의기양양하게 죽었습니다. 이와 같이 처형됐던 사람이 10만 명을 넘습니다. 이러한 사람들이 비록 주님의 가르침을 이해하는 데 있어서 잘못이 있다 하더라도 그들의 믿음은 칭찬할 만한 것이며, 이는 사람들이 복음을 받을 준비가 되어 있음을 보여 주는 것입니다. 또한 성직자들도 가끔 박해를 당했으나, 그들은 위험에 몸을 사리지 않았습니다.

지금은 정부가 국가를 대외통상에 개방하였고 국민의 상태를 개선하려고 열심히 노력하고 있습니다. 결과적으로 기독교에 대하여 더욱 관대하며 정부가 기독교를 공개적으로 허용하지는 않을지라도 기독교인들을 찾아 박해하지는 않고 있습니다.

최근 왕 씨라는 성을 가진 중국인 신자가 우리의 국왕에게 신약성경 사본 한 벌을 드렸으나 정부 관리가 방해하여 받아들이지 않았습니다. 국왕은 대단히 불쾌해 하였으며, 지금 이 사태는 큰 논란의 대상이 되었습니다. 처음(선교 초기)에 우리는 어려움을 기대하지 않으면 안 됩니다만 그들은 그 방침을 고칠 것이며, 나는 지금이 조선에 복음을 소개하는데 가장 좋은 기회라고 생각합니다.

여러분의 나라는 기독교국가로서 우리에게 잘 알려져 있습니다만 여러분들이 우리에게 복음을 보내지 않으신다면 나는 다른 나라가 그들의 선교사들을 급히 파송하지 않을까 두려워하며 또 하나는 그러한 가르침들이 주님의 뜻과 일치하지 않는 것임을 걱정하고 있습니다.

비록 나는 세력 없는 사람이라 할지라도 여러분들이 파송하는 선교사들을 돕는 데 최선을 다할 것입니다. 나는 여러분들이 여기서 일하면서 스스로 이 사업을 위하여 준비하는 사람들과 상의할 수 있는 사람들을 일본에 파송할 것을 가장 열심히 청원합니다.

나는 여러분들에게 나의 이러한 말을 주의 깊게 생각하시기를 간원하며 나의 요청이 허락된다면 나의 기쁨은 한없을 것입니다. 그리스도의 종 이수정 (The Missionary Review Vol. VII. 1884, 145-146, Rijutei's Appeal for Missionaries Yokohama Dec. 13. 1883, 오윤태, 선구자 이수정편, 85-87쪽)

이수정은 이와 같은 내용의 서신을 1883년 7월에 한 번 미국으로 발송하였다. 그 후 연말인 12월에 보낸 마지막 서신이 위에 소개한 내용이었다. 여기에 적극적으로 나선 낙스와 루미스 두 선교사는 이수정의 선교사 유치 운동에 적극적으로 협조했었다. 이수정이 보낸 선교사 유치 운동 서신에 아무런 답이 없자, 체면 불구하고 이수정은 2차 서신을 보냈다. 2차시에도 역시 루미스와 낙스 선교사의 도움이 컸다. 이수정이 보낸 선교사 유치 청원서가 미국교계에서 발행하는 선교잡지 〈The Missionary Review of the World〉에 게재되었다. 이 잡지를 읽었던 많은 독자들 중 코리아(Korea)에 대해 아는 사람들이 없었다. 그러나 "미지의 나라"라는 말에 관심들을 갖고 한국 선교에 대해서 기도하는 사람들이 생겨나게 됐다. 이수정의 선교사 유치 서신의 내용이 너무나 훌륭해 1883년 〈The Missionary Review of the World〉 12월 크리스마스 호 아동 난에 게재되었다. 김양선 목사는 자신의 저서인 『한국기독교사연구』에서 이렇게 말하고 있다.

> 1883년 크리스마스 호 아동 난에 이수정이 쓴 '미국 교회에 보내는 선교사 파견 청원서' 전문을 게재하고 미국 교회 어린이들로 한국 선교사업에 참가할 것을 호소하였다. (김양선, 한국기독교사연구, 58쪽, 서울:기독교문사, 1971)

〈The Missionary Review of the World〉를 읽고 1884년 2월 뉴욕시 부르클린에 있는 라피엘교회 교인이며 미국 북장로교회 해외선교부 실행위원의 한 사람이었던 맥윌리암스(D. W. McWilliams)가 조선 선교를 위해 5,000달러를 희사하겠다는 아래와 같은 내용의 편지가 미국 북장로교회 해외선교부에 전달되었다. 이 사실이 조선 선교에 결정적인 역할을 하였으며, 선교사 유치 운동에 앞장섰던 이수정 씨의 기도의 능력이 얼마나 컸는가를 잘 보여 주는 사건이 됐다.

안녕하십니까?
장로교 해외선교부에서 판단할 때 현 시점에서 조선에 선교사를 보낼 일을 시작하는 것이 현명하고 시기적절한 일이라 생각되신다면 선교사 2명이 2년 간 일할 경비를 부담하겠습니다. 경비 지급은 1년 2회로 미리 내겠으며, 총 경비는 4차에 걸쳐 5,000달러가 될 것입니다. 이 기금은 프레더릭 마퀀드(Frederick Marqund)의 유지를 받아 저희 집안에서 마련한 것인데 그분의 뜻은 '국내든 국외든 교육사업에 사용하여 예수 그리스도의 복음을 펼치는 좋은 사업이라면 어떤 일이든 돕고 북돋아 주는 데' 있습니다. (D. W. McWilliams, "Letter to the Board of Foreign Missions of Presbyterian Church of the USA", Feb. 8. 1884, 윤경로, 새문안교회100년사, 61쪽, 서울:새문안교회)

미국 북장로교 해외선교부 실행위원의 젊은 실업가 맥윌리암스의 공로로 조선 선교에 대한 꿈이 실현되어 가고 있었다. 그러나 외국 선교사를 조선 정부가 수용하느냐가 문제였다. 이미 일·미수호조약이 체결되었으며, 1882년 5월 한·미수호통상조약이 통과되었다. 푸트(L. H. Foote)라는 미국인이 공사로 부임하였다. 조선 정부에서는 1883년 7월 미국을 비롯하여 각국을 돌아보기 위해서 민영익, 홍영식, 서광범 등 일행이 인천 제물포항에서 출발하였다. 미국에 도착했던 일행들은 9월 2일 샌프란시스코를 경유해서 시카고, 워싱턴 등을 시찰하였다. 함께 시찰에 참여했던 미국 감리교회 목사 카우처 (J. F. Coucher) 박사를 만나 뜻하지 않게 조선에 많은 관심을 갖는 일에 너무나 감사했었다.

이미 카우처 박사는 중국과 일본 선교에 적극 참여하였기에 자연히 조선 선교에 대해서도 지대한 관심을 갖게 됐다. 카우처 박사는 조선 선교에 관심을 갖고 열심히 기도하던 중 미국 감리교회의 선교사로 파송 받아 일본에서 활동하고 있는 맥클레이(R. S. Maclay) 선교사에게 다음과 같은 서신을 보낸 일이 있었다.

▲ 카우처 박사

> 1883년 11월 6일 나는 선교위원회에 그들이 이 은둔의 나라에까지 선교사업을 연장하는 것이 손쉽다고 생각하며, 또 감리교 일본 선교부의 관리 아래 한국에서 선교를 일으킨다면 … 나는 그 일을 위해 2천 달러를 기꺼이 보내겠다고 편지를 했습니다.
> 당신은 조선에 들러서 그 땅을 답사하고 선교부를 설치할 만한 시간을 낼 수 있겠습니까? 그럴 수만 있다면 우리는 이교도 땅에 최초의 개신교 교회를 세우는 자가 될 것입니다. 일본이 그 영광스러운 일을 맡아야만 한다는 것은 아주 적절할 것이며 당신이 그 일을 시작할 수 있다면 그것은 이미 당신의 교회에서 지금껏 해온 봉사에 걸맞는 일로 보탬이 될 것입니다. (R. S. Maclay, "Korea's Permit to Christianity", The

Missionary Review of the World, Vol. 9. No. 8. 1895. 287쪽, 윤춘병, 한국감리교교회 성장사, 45쪽, 서울 : 감리교출판사, 1997)

　미국 감리교 선교본부로부터 연락을 받았던 맥클레이 선교사에 대한 기대가 컸었다. 그가 비록 중국에서는 선교에 실패했지만 일본에서 성공적으로 선교사역을 잘 감당했던 인물이었기 때문이다. 그는 1848년 24세 청년의 나이로 중국 남단 복건성에 있는 복주에 영화대학을 설립하여 선교사업을 전개하는 등 장장 9년이란 세월을 보냈다. 그러나 단 한 사람의 기독교 교인도 얻지 못하였다. 그러나 10년째 되던 해에 복주에 진신당과 천안당이란 이름으로 교회를 설립하였다. 이때 중국인 진고(陳高)라는 사람이 신앙고백을 하자 세례를 베풀고 첫 세례교인을 탄생시켰다.

　그러나 맥클레이 선교사는 1873년 일본에 선교의 자유가 허락됐다는 소식을 접하고 본국에 연락하여 선교지를 일본으로 옮기겠다는 의사를 타진하였다. 25년 간 중국에서 선교활동 했던 그는 다른 선교사에게 인계를 하고 중국 상해에서 일본으로 가는 배에 짐을 싣고 가족과 함께 승선하였다. 그 망망한 대해 황해를 지날 때 부인과 함께 갑판에 올라가 무릎을 꿇고 하나님께 호소하였다.

　"주님, 중국에서는 선교에 실패하였지만 일본에서는 성공할 수 있도록 하나님께서 인도하여 주십시오. 저를 보낸 미국 교회 교인들이 열심히 기도하고 있습니다. 꼭 주님께 다시 한번 간구합니다."

이러한 내용으로 몇 날을 두고 밤낮 가리지 않고 기도를 하고 있었는데 선장이 일본 요꼬하마에 도착했다는 신호를 알리고 있었다. 이미 연락을 받고 나온 미국 북장로교 헵번 선교사 등 여러 선교사들의 환영을 받으면서 1873년 5월 20일 일본 요꼬하마에 도착하였다. 그는 그곳에서 짐을 풀고 중국에서 실패했던 선교를 일본에선 성공해 보겠다는 굳은 의지를 갖고 헵번 선교사의 안내를 받으면서 요꼬하마에 있는 선교사 숙소에 입주하였다.

맥클레이 선교사는 쉬는 것도 잊은 채 요꼬하마에 오자마자 일본어를 배우기 시작했다. 그는 이미 한자를 잘 알고 있었기에 일본어를 배우는 일은 그리 어렵지 않았다. 먼저 그는 교역자를 양성해야 한다면서 미국 감리교회 선교본부로 연락하여 일본 메도디스트신학교(후에 도쿄로 이사를 하고 아오야마학원대학 신학부로 개칭)를 설

▲ 1888년 요꼬하마에 설립된 메도디스트신학교

▲ 아오야마학원대학 본관

립하고 일본인을 대상으로 교역자를 양성하였다. 그 후 그는 미국으로부터 서신을 받은 후 조선 선교에 대해서 많은 관심을 갖고 있었는데, 미국 북감리교 해외선교부에서는 이미 준비를 진행하고 있었다.

6. 맥클레이 선교사 내한

1883년 7월에 이수정이 보낸 선교사 유치 청원서가 미국에서 발행된 선교잡지(The Missionary Review of the World)에 게재되었다는 사실을 알았던 낙스 선교사는 일본에서 조선의 사정을 알아보기 위해 조선을 방문할 수 있도록 미국 영사부에 서신을 보내었다. 그러나 낙스 선교사는 개인 사정으로 출발하지 못하고 그 대신 이수정을 개종시켰던 쓰다 박사를 파송하였다는 내용을 김양선 목사는 이렇게 말하고 있다.

> 이수정을 기독교로 개종시킨 쓰다 박사와 다른 한 일본인 신자가 낙스 선교사를 대신하여 조선으로 건너와 시찰하고 조선의 근황을 보고하였다.(김양선, 앞의책, 59쪽)

그런데 때마침 미국 감리교 선교부 파울러(C. H. Fower) 감독으로부터 훈령이 한 장 날아왔다. 해외 선교위원회에서 맥클레이 선교사에게 조선에 선교사를 파송하기로 결의하였으니 조선을 답사하고 보고하라는 서신의 내용이었다.

> 편지의 내용은 일본 이웃에 있는 조선을 방문하여 선교의 문을 열어 보라는 것이었다. 이 일이야 말로 맥클레이 박사가 지금까지 음으로 양으로 얼마나 애써 온 일이었던가. 조선 선교야말로 하나님이 주신 자신의 의무임을 재확인하면서 맥클레이 박사는 기쁜 마음으로 우선 조선 정부의 고관(高官)으로 있는 김옥균에게 조선을 방문한다는 사실을 알린 후 부인과 같이 즐거운 마음으로 여행준비에 착수했다. (윤춘병, 맥클레이 박사의 생애와 사업, 22쪽, 서울: 한국기독교문화원, 오윤태, 앞의책, 182-183쪽)

이러한 서신을 받았던 맥클레이 박사는 부인과 함께 1884년 6월 요꼬하마를 출발하여 6월 19일 나가사끼에 도착하였다. 나가사끼에서 통역해 줄 조선인을 만났다. 그런데 나가사끼에서 만난 조선 사람은 보수파에 속한 사람으로 개화에 대해서 절대적으로 반대하며, 양반 계급을 자랑스럽게 여기는 사람이었다. 이때 맥클레이 선교사는 자칭 개화파라고 말하던 김옥균 생각이 번뜩 떠올랐다. 그는 김옥균과 특별한 관계를 갖고 있었다. 김옥균 뿐만 아니라 개화파에 속한 사람들을 모아 놓고 맥클레이 선교사 부인이 영어를 가르쳐 준 일이 여러 번 있었다. 조선의 정치상황을 듣고 있던중 배는 어느덧 1884년 6월 23일 인천 제물포항에 도착하였다.

그 다음날 한양에 도착한 맥클레이 박사 부부는 곧 정동에 자리 잡고 있는 미국 영사관에 짐을 풀었다. 김옥균을 만나면 문제가 쉽게 풀릴 것 같아 수소문 끝에 개화파를 이끌고 있는 김옥균을 7월 3일 만날 수 있었다.

"김옥균 씨, 제가 조선이 잘살 수 있는 방법은 물론 개화파가 성공할 수 있는 길을 가지고 왔습니다."

"아니 개화파가 성공할 수 있는 길이란 무엇을 말하는 것입니까?"

"조선에도 일본처럼 기독교 학교와 병원 사업을 할 수 있도록 우리 미국이 적극적으로 협력할테니 왕으로부터 허락을 받아 달라는 요청입니다."

이 말에 귀가 번쩍 뜨인 김옥균은 조선에 도움이 된다는 생각에 즉시 고종을 만나기로 하고 계획서를 들고 왕실에서 자세한 설명을 하였다. 김옥균은 왕으로부터 허락을 받고 나와서 맥클레이 선교사에게 보고하였다.

"맥클레이 선교사님, 우리 조선 왕이 대단히 좋게 여기면서 학교와 병원 사업은 허락하지만 기독교 선교사업은 절대 금물이라며 조건부 허락을 하였습니다."

이러한 소식을 접했던 맥클레이 박사는 몇 번이고 김옥균에게 감사하다고 인사하고 부인과 함께 인천 제물포항에서 일본으로 가는 배를 탔다. 요꼬하마를 향하여 배는 계속 바다를 가로지르면서 항해하고 있었다. 요꼬하마 항에 도착한 맥클레이 박사 부부는 곧 집으로 가서 미국 본부에 서신을 보내었다.

나는 7월 3일 김옥균을 방문했다. 그는 나를 매우 친절하게 맞아주었다. 곧바로 왕이 지난 밤에 그 편지를 신중히 검토했으며, 내 요청에 따라 조선 선교회가 한국에서 병원과 학교 사업을 시작할 수 있도록 허락하기로 결정했다고 알려 주었다. 세부사항은 결정되지 않았으나 사업은 곧 주도할 수 있을 것이라고 말하였다. (R. S. Maclay, "Korea's Permit to Christianity", The Missionary Review of the World, Vol. 9. No. 4. 1896. 287-290쪽, 윤춘병, 한국감리교회성장사, 46쪽, 서울 : 감리교출판사, 1997)

고종으로부터 병원과 학교 사업을 할 수 있도록 허락받았던 맥클레이 선교사는 일본 요꼬하마에 도착하여 그동안 선교사 유치 운동에 온갖 힘을 쏟았던 이수정을 만나자마자 큰 소리로 외쳤다.

"리쥬데이 선생, 드디어 선교사가 조선에 입국할 수 있도록 왕이 허락을 하였습니다. 단, 병원과 학교 사업만 하기로 한 것입니다. 리쥬데이 선생이 늘 말하던 조선 속담에 '시작이 절반'이란 말이 있지 않아요? 절반은 성공하였습니다."

이러한 소식을 접한 이수정은 선교사 유치운동에 힘을 쏟아 주었던 미국 북장로교 낙스 선교사, 헵번 선교사, 미국성서공회 총무 루미스 선교사, 또 쓰다 박사에게까지 알렸다. 낙스 선교사는 곧 미국 북장로교 해외선교부에 연락을 하였으며, 맥클레이 선교사도 미국 북감리교회 선교부에 연락을 하였다.

이렇게 이수정의 선교사 유치 운동은 성공적으로 진행되었다. 그래서 1884년 9월 20일에는 중국 상해에서 활동하던 알렌 의사가 미국 북장로교 해외선교부의 파견으로 인천 제물포를 통해서 입국 하게 됐다. 그 다음 해에는 이수정의 글이 실렸던 세계잡지(The Missionary Review of the World)를 보고 이미 지원했던 아펜젤러 선교사 부부, 스크랜턴(W. B. Scranton) 선교사 부부와 그의 어머니 등 6명이 미국 북감리교회 해외 선교부로부터 출국하라는 허락을 받고, 1885년 2월 3일 미국 샌프란시스코에서 미국 태평양 우편선인 아라빅 호를 타고 망망한 태평양을 건너 2월 27일 요꼬하마에 도착하였다. 이미 미국 북감리교회 선교부가 요꼬하마에 자리를 잡고 있었기에 하리스 선교사의 환영을 받으면서 도쿄에 자리 잡고 있는 맥클레이 선교사를 상면하게 됐다.

의사인 헤론(Dr. J. W. Heron)은 미국 북장로회 해외 선교부에 방문하여 조선 선교사로 가겠다고 지원하였다. 1884년 봄 미국 북장로회 선교사로서는 첫번째로 조선에 갈 수 있는 허락을 받았다. 헤론 부부도 역시 미국 샌프란시스코를 떠나 일본 요꼬하마에 도착하였다. 이미 일본 요꼬하마에서 의료 선교사로 활동하고 있던 헵번과 루미스 선교사의 영접을 받으면서 요꼬하마에 숙소를 정하고 조선에 선교사로 나갈 준비를 하고 있었다. 그가 요꼬하마에 온 지 얼마 안되어 언더우드 목사가 미국 북장로교 해외 선교부의 후원으로 1884년 7월 28일 조선 선교사로 정식 임명을 받았다. 언더우드는 우선 고향 영국에 있는 친척들에게 작별 인사를 하고 곧바로 미국으로 건너와 1884년 12월 16일 샌프란시스코 항에서 일본으로 가는 상선을 타고 태평양을 가로지르면서 주님을 찬양하고 기도하는 가운데 1885년

2월 27일에 일본 요꼬하마 항에 도착하였다.

　이때 헤론 선교사 부부는 언더우드를 영접할 수 있는 기회를 얻게 되는 기쁨도 갖게 되었다. 그런데 하나님의 섭리는 참으로 오묘하였다. 이미 이수정은 헤론 선교사 부부를 불러 놓고 다른 감리교 선교사와 함께 한글을 가르치고 있었다. 이 무렵 언더우드가 오자 그도 역시 이수정이 가르치는 한글을 배우게 됐다. 이 일을 혼자서 할 수 없었던 이수정은 갑신정변으로 실패하고 일본으로 망명와 있던 개화파 사람들 박영효, 서광범 등과 함께 한글을 가르쳤다.

　이수정은 매일 한결같이 바쁜 시간을 보내고 있었다. 1주일에 3일 간은 루미스 선교사의 사무실에 가서 성서를 번역해야 했고, 다른 날은 조선에 갈 선교사들에게 한글을 가르치는 일과 동경외국어학교에서 조선어를 가르치는 일을 했다. 이수정은 선교사들이 파송될 시간만 묵묵히 기다리는 것이 아니라, 철저히 준비하는 것을 놓치지 않았다. 조선으로 가려는 선교사들도 마찬가지였다. 이수정은 수업 시간에 들어가면서 항상 빼놓지 않고 조선어로 인사하는 방법부터 가르치기 시작하였다.

　"선교사님들, 안녕하세요?"

　"이수정 선생님도 안녕하세요? 참으로 반갑습니다."

　이들에게는 조선어를 배우는 시간이 가장 즐거운 시간이었다.

　"선생님, 조선어는 친구와 어른, 어린아이에게 하는 말이 각각 달라 힘이 듭니다."

　"맞는 말입니다. 원래 조선 사회에는 계급이 많아서 각기 사람의 신분에 따라 사용하는 언어가 다릅니다."

"잘 알겠습니다. 또 다른 말도 가르쳐 주세요."

이중 언더우드, 아펜젤러 부부는 조선으로 떠날 준비를 해야 했기 때문에 다른 선교사들에 비해 여유가 없었다. 어느 정도 한글을 익혔던 두 선교사 가족은 1885년 마가복음서가 한글로 번역 출판되었다는 사실을 알고 놀라고 말았다. 루미스 선교사의 도움을 받고 마가복음서를 번역하고 출판하였다는 사실에 새삼스럽게 충격을 받았다. 루미스 선교사는 조선에 갈 선교사들 앞에서 이수정의 활동을 또 한가지 소개하였다.

"조선에서 온 유학생들에게 성경 가르치는 일을 도쿄에서 실시하고 있습니다. 주일이 되면 유학생들을 모아 놓고 소위 성경을 가르치는 주일학교 운동을 시작하였습니다."

이 말을 들은 선교사들은 다시 한번 이수정이란 분을 대단한 인물로 평가하고 있었다.

7. 주일학교 운동과 이수정

조선 정부는 신사유람단의 왕래 이후 일본의 근대화된 모습을 보고, 국비 장학생으로 30명을 일본에 파송하여 일본의 근대화된 과정을 연구하도록 하였다. 과거에는 조선의 문화를 일본에 전수해 주었지만 조선의 쇄국정책으로 그만큼 선진화되지 못하고 후진국이 되고 말았다. 이를 만회하기 위해서 신사유람단으로 단기간에 일본을 배운다는 데 목적을 두고 유학생들에게 많은 투자를 하였다.

이 무렵 이수정은 도쿄거리에서 조선에서 온 유학생을 만날 수 있는 기회를 갖게 되었다. 여기에 일본에서 만났던 도쿄외국어학교 조선어과 교수인 손붕구를 만나서, 손붕구와 함께 둘이 하나가 되어 조선에서 유학 온 유학생을 찾아 나섰다. 조선에는 아직 기독교가 허용되지 않았지만 일본에서 최초로 조선 유학생을 중심으로 한 주일학교(당시는 조선안식일학교, Corea Sabbath School)가 시작됐다. 때마침 유학생들 사이에 영어를 배워야 하루 속히 서양문화 즉 미국의 근대화된 문화를 배울 수 있다는 생각이 만연하였기 때문에 주일 성경공부를 위해서 많은 유학생들이 모여들었다.

"도쿄 YMCA 회관에서 주일이면 유학생을 상대로 이수정 선생이 성경공부를 실시하고 미국 선교사들이 영어도 가르친다고 하는데 한번 가보자."

"아니, 그곳에서 선교사들이 영어를 가르쳐 준다고 하는데 정말 사실이야? 그러면 우리 같이 가보자."

이러한 소문이 유학생들 사이에 전파되자 매 주일마다 인원수가 증가되었다. 이수정은 이렇게 모여든 유학생을 모아 놓고 주일마다 정기적으로 모임을 갖기로 하고, '안식일 학교'라는 이름을 붙이고 조직적으로 모임을 운영해 갔다. 점점 규모가 발전하자 선교사들이 번갈아 가면서 영어성경을 가르쳐 주게 되었다. 또 이 모임에 대한 이야기를 이수정으로부터 들었던 루미스 선교사는 곧 미국성서공회에 다음과 같이 보고하였다.

> 이수정은 계속해서 충성스럽게 예수 그리스도를 위하여 일하면서 놀랄 만한 성공을 거두고 있다. 그는 이 여러 청년들을 지도하는 자로, 마침내 이 모임이 성경연구회로 발전되었는데 회원으로는 유학생 30여 명이었다. (The Foreign Missionary, Feb. 1884, 336쪽)

이 일로 이수정은 더욱 바빠지기 시작하였다. 주일이 되면 도쿄 YMCA 회관에서 모이는 주일학교 때 가르쳐야 할 성경을 연구해야 했고, 성경연구회는 성경연구만으로 끝나지 않고 기도도 하고 찬송가도 불렀는데, 이때 조선어 찬송가는 없었기에 일본 교회에서 사용하는 찬미가(讚美歌)를 부르고 시작을 하였다. 이렇게 하다보니 자연히 주일예배 성격을 띠게 되었고, 유학생들 역시 성경연구회로만 모이는 것보다는 조국을 위해서 하나님께 기도하고 함께 한 목소리로 하나님께 찬양하기 위해 모였는데, 그 찬미소리가 너무나 아름다웠다. 이 일이 주일예배로 발전해 가자 미국 선교사 중에서 이수정과 가까운 친분을 갖고 있던 메이지학원대학 신학부 교수 낙스 선교사, 역시 미국 감리교회에서 파송을 받고 한국 선교에 한 몫을 담당했던 아오야마학원대학 맥클레이 선교사, 루미스 선교사 등이 교대로 와서 예배를 인도하였다.

유학생들에게는 일거양득(一擧兩得)이 됐다. 학교에서는 일본어로 강의를 듣고, 주일이 되면 선교사들로부터 영어로 설교를 듣고,

가끔 이수정에게 조선어로 설교를 듣는 중에 조선 천주교 박해에 대한 이야기도 들을 수 있었다. 분위기는 아주 좋았고, 늘 은혜의 시간이었다.

특별히 일본 도쿄한인교회를 시무했던 오윤태 목사는 자신이 쓴 『동경교회72년사』(東京敎會72年史)에서 유학생들이 모인 주일학교가 도쿄교회 역사의 뿌리라고 주장하고 있다. 조선에서 유학생이 최초로 왔던 1883년 6월에 후꾸자와(福澤諭吉)가 설립했던 게이오의숙(慶應義塾, 현, 慶應大學)에 17명이 입학하였으며, 같은 해 7월에는 12명이 입학하였다.

이들이 후꾸자와가 설립한 학교에 유학을 왔었지만 이수정의 전도로 유학생 몇 명이 메이지학원대학(明治學院大學) 신학부 전신인 도쿄일치영화학교(東京一致英和學校)와 이 학교의 예과인 도쿄영화예비학교에 입학했던 학생도 있었다. 그들이 바로 유학생 박영우, 박성연, 이개필, 고영헌, 박준양이었다. 이 외에 메이지학원대학 100년사에 일본 육군사관학교에 입학한 유학생 박명화 외 1명은 도중에 역시 조선 유학생과 합류하여 신학을 했다는 기록이 남겨져 있다. 특별히 이들 유학생들은 조선에 선교의 문이 열리자, 일본에 와 있던 헤론 선교사 부부, 언더우드, 아펜젤러 선교사 부부, 스크랜턴 가족들에게 이수정은 조선의 역사와 천주교의 탄압사를 이야기할 수 있는 좋은 기회를 갖기도 하였다.

8. 강연과 저술 활동

이미 앞에서 언급했지만 이수정은 머리가 명석하여 일본에서 그의 활동은 일본 일간지를 비롯한 교계잡지에까지 게재되었다. 이는 그가 어떤 인물이었는지를 자세히 알 수 있는 자료가 된다. 그의 저술도 중요하지만 그의 강연은 너무나 훌륭해서 요꼬하마, 도쿄에 있는 일본인들에게 잘 소개되어 요즘 말로 하면, "욘사마"와 같은 한류 열풍이 관동지방을 휩쓸고 있었다.

"바라 선교사님, 요즘 우리 집에서 만든 과자가 잘 안 팔려 매상이 오르지 않는데 '리쥬데이과자'라고 상호를 사용하면 어떨는지 모르겠습니다."

"스즈끼 형제, 아주 좋은 생각입니다. 그렇지 않아도 과자가 잘 안 팔린다는 말을 다른 교인한테 들었습니다. 오늘 리쥬데이 선생이 저희 교회에서 강연을 하기로 했으니까 강연이 끝나면 상호로 사용할 수 있도록 제가 부탁을 드리겠습니다."

"바라 선교사님, 참으로 감사합니다. 그 일만 성사되면 저희 집에 손님이 몰려 오리라고 생각됩니다. 이미 리쥬데이 선생이 요꼬하마가이칸교회에서 강연한다는 포스터가 붙어 있어서 선전도 되었고, 요꼬하마신문에도 그 광고가 나와 있습니다."

이수정의 강연은 조선 천주교회의 역사부터 시작하였다. 조선은 왜란과 호란을 겪으면서 조선 사회가 가지고 있던 구조적 모순이 드러나고 있었다. 이러한 역사적 상황 속에서 중국을 통해 한역서학서(漢譯西學書)와 서양 선교사들이 제작한 세계지도를 비롯한 서구 과학기물들이 국내에 유입되었다. 이는 17세기 초부터 조선과 중국 간의 외교사절이었던 부연사행(赴燕使行)에 의해 이루어졌다. 이들을 통해 들어온 한역서학서 중에 천주학(天主學, 일명 西學)이 들어오면서 천주학에 대한 연구가 중인들을 통해 이루어지고 있었다. 이를 연구하고 있던 중인들은 당시 한학자로서 이벽, 권철신, 권일신, 정약종, 정약전, 정약용, 이가환, 이승훈, 김범우 등이었다.

이들은 한 자리에 모여 천주학의 내용을 깊이 연구하기 위해서 경기도 양평에 있는 앵자산에 자리 잡고 있는 주어사와 천진암을 오가면서 연구를 하고 실천에 옮겼다. 1783년 이승훈의 아버지 이동욱

▲ 해미읍성은 천주교 신자들을 학살했던 장소이다.

3부 | 이수정의 선교사 유치 운동

이 동지사(冬至使)로 임명되자, 천주학을 더 연구하기 위해서 이승훈은 중국 북경에 가게 됐다. 이승훈은 별도로 북경 북천주당 그라몽(J. J. de Gramont) 신부를 만나 조선에서 행하고 있던 일들을 자세하게 설명하였다. 이때 그라몽 신부는 1784년 2월 이승훈에게 영세를 주면서 '베드로' 란 세례명을 주었다. 이승훈이 세례를 받은 그 해를 조선 천주교회의 시작이라고 말한다. 이승훈이 중국에서 돌아와 한양 명례동(현 명동) 김범우의 가정에서 집회를 하다가 지나가는 관리에게 발각되고 말았다. 이 일이 곧 정부에 보고 되자 관리들은 김범우를 체포하여 시골로 유배를 보냈는데, 1년 만에 유배지에서 사망하여 '조선 천주교의 첫 순교자' 가 되었다.

이후 근 100년 가까이 천주교는 말할 수 없는 탄압을 받았고, 수많은 천주교 교인들이 순교를 당하였다. 내포평야(충청도 서해안 들

▲ 여수골에 땅을 파서 내포지방 천주교 신자들을 매몰했던 장소이다.

▲ 천주교를 대량 학살했던 해미에 해미순교탑을 건립하였다.

▲ 자리개돌
해미성 옆길 서문 쪽으로 따라가 보면 신도들의 팔다리를 잡아 들고 돌에 매어치기(자리개질)를 하여 죽였다는 자리갯돌이 있다.

▲ 호야나무
성안에 남아 있는 호야나무는 이들을 거꾸로 매달아 고문했다는 나무로 가지마다 순교자들을 묶었다는 철사자국이 남아 있다.

3부 | 이수정의 선교사 유치 운동

녘)에서 천주교 신자들이 수없이 증가하자, 정부에서는 그들을 해미읍성 안에 있는 감옥에 구속시키고 주님을 버리지 않는 교인들은 '호야나무'에 목을 매달아 죽이기도 하였다. 그 옆에서는 큰 돌로 '돌매치기'로 여러 천주교 신자들이 그 돌에 압사당하고 말았다. 그 해미읍성 개울 하나를 건너 모래사장에 땅을 깊이 파고 생매장으로 교인을 학살하였다. 여기에 생매장된 교인 수가 3천여 명에 달했다는 말을 들은 일본인들은 모두 놀라고 말았다.

　일본에서도 막부정권시절에 기리시단(천주교 교인) 교인을 찾아낸다면서 5인조(고닌구미, 5人組)를 조직하여 교인을 색출하여 관가에 보고하였었다. 곧 관리들은 이들을 체포하여 천주(天主)를 버리지 않는다고 그 머나먼 규슈 남단 나가사끼 니시사카 사형장, 운젠 온천으로 끌고 가 펄펄 끓은 물에 손을 대게 하여 고통을 주었지만 이들은 오히려 "주님, 자비를 베풀어 주소서."라고 기도하면서 순교하였다. 그리고 시마바라 반도 해변에 끌고가 바닷물이 빠졌을 때 바다 갯벌 바닥에 십자가를 세우고 예수처럼 십자가 위에 묶어 놓고 물이 들어오면 그대로 죽게 하였다. 수많은 교인들은 주님을 찬양하면서 순교를 당하였다는 사실을 다 알고 있었다. 진지하게 이수정의 강연을 들은 후 육합잡지사(六合雜誌社) 직원은 그의 강연내용을 연재하기위해서 원고를 정리하고 있었다.

　모든 강연이 끝나자 스쯔끼는 바라 선교사와 함께 이수정을 만나 '리쥬데이과자'라는 친필을 써 달라고 해서 써 주었다.

▲ 도꾸가와 막부시대에 나가싸끼에서 순교했던 26인 성인동상과 장신대 대학원생들

이수정의 이름으로 과자 이름을 짓는 것이 효과가 있으리라고 생각하여 정문에 이수정의 친필로 과자점의 이름을 써 붙이고 '리쥬데이과자' 라는 다른 모양의 과자를 만들었다. 그랬더니 이수정의 명성이 대단하여 많은 사람들이 앞을 다투어 과자를 사가는 바람에 '리쥬데이 과자'는 유명해졌고 그는 큰 부자가 되었다. (오윤태, 앞의책, 131쪽)

이수정은 강연회를 마치고 그날 바라 선교사의 집에 머물면서 자신의 저서에 대해 의논하였다. 그들은 조선의 천주교 탄압이나, 일본의 천주교 탄압이 너무나 비슷해서 많은 독자들이 그 책에 관심을 가질 것이라 예상했다. 다음날 도쿄에 가서 또 강연을 해야 된다는 말에 다소 늦었지만 두 사람은 각기 다른 방으로 이동하여 깊은 잠에

3부 | 이수정의 선교사 유치 운동

▲ 새남터 순교
1866년 대원군의 쇄국정책하에서 많은 천주교 신자들이 이곳에서 학살되었다. 오늘날의 용산역에서 한강 철교에 이르는 강변으로 프랑스의 세 신부 앵베르, 모방, 샤스 땡이 태형을 받은 후 헌종 5년(1939) 순교함

빠지게 됐다. 다음날 이수정은 바라 선교사와 함께 도쿄제일교회에서도 조선 천주교 역사를 강연하였다.

이수정의 강연은 살아있는 내용이었고 일본의 막부정권시절 천주교 탄압과 비슷해서 듣는 회중들은 그의 강연 내용을 메모하기에 정신이 없었다. 그의 강연 내용 중 주요한 부분만 발췌하면 다음과 같다.

"그 당시 고종이 왕위를 계승하자 그의 아버지인 대원군이 섭정군주가 되어 천주교를 엄격하게 탄압하고 나섰다. 그의 부하들은 대원군의 명령에 따라 일사불란하게 작은 마을이나 큰 마을이나 산이나 들을 막

▲ 잡혀가는 천주교인들

론하고 곳곳을 다니며 천주교인을 찾아내어 밧줄로 결박해 오되 수십 명을 연달아 동여매고 끌고 와서 남자나 여자나 늙은 사람이나 어린아이들을 가리지 않고 모두 붙잡아다가 법정에 이르면 배교하라고 명령했다. 그러자 어떤 교인들은 주님의 진리를 변론하면서 강력하게 항거하고, 어떤 교인들은 한 시간이라도 빨리 주님 계신 천국으로 가고 싶으니 속히 처형시켜 달라고 큰 소리로 요청하였다. 이러한 장면을 보던 집행관이 계속해서 배교하도록 유도하였지만, 그들이 더욱 굳은 신앙을 갖고 '주님을 찬양하는 소리'에 놀란 집행관들은 열 사람씩, 또는 수십 명씩, 함께 결박하여 열을 세워놓고 차례로 사형시켜 버렸다."

그는 계속하여 열변을 토하고 있었다. 그는 한양에서 직접 들었던 이야기를 전하였다. 1866년 병인년에 두 번의 변란이 있었다. 그중 하나는 토마스(J. Thomas) 선교사

▲ 한국 최초의 순교자인 토마스 선교사

3부 | 이수정의 선교사 유치 운동

▲ 토마스 목사의 순교
1866년 여름, 영국 런던교회에서 파송한 토마스가 미국 상선 제너럴 셔어먼호에 편승, 천진을 떠나 평양 대동강에 상륙하였으나 선교의 기회조차 얻지 못하고 순교

가 개신교 선교사로 중국에서 활동하다가 평양에 복음을 전하러 갔다가 평양 대동강에서 평양성을 지키는 병사들에 의해 참수형을 당했던 일이 있었다. 다른 하나는 이수정이 머물고 있던 한양에서 일어났는데, 천주교 신부가 학살되었다는 소식을 들은 프랑스 함대가 보복을 위해 한강을 따라 거슬러 올라와서 양화진에서 머물러 있을 때, 대원군이 프랑스 함대를 물리치고 그곳에서 천주교 신자들의 목을 쳐서 한강으로 떠밀어내는 비참한 일이 있었다. 그래서 한때 한강이 피바다로 변했다는 말이 장안에 퍼지고 말았다. 그곳을 가리켜서 절두산이라고 하는데 원래 이름은 그 봉우리 생긴 모양이 마치 누에 대가리를 치켜든 것 같다 해서 덜머리 또는 잠두봉이라 불렀다. 또 용

의 머리처럼 생겼다하여 용두봉이라고도 불렀다. 그러나 이후로 천주교 신자들의 목을 쳐서 한강에 던졌다 하여 그 이름을 절두산이라 부르게 됐다. 이수정은 천주교의 탄압사를 시간 가는 줄 모르고 강연하였다. 강연이 다 끝나자 그의 강연에 은혜를 받고 눈물을 흘리는 청중이 있었으며, 그는 뜨거운 박수를 받으면서 도쿄제일교회에 모인 청중들 사이를 헤치고 나와 교회 사무실에 잠시 머물렀다.

이수정이 천주교에 대한 남다른 관심이 있었던 것은 자신의 숙부로부터 들었던 이야기를 머리 속 깊이 간직하고, 숙부도 대원군에게 천주교 교인들을 관용해 달라고 건의하였다가 처형되었다는 말을 기억하고 있었기 때문이다. 이러한 관계로 이수정 가족 역시 순교의 집안이 되었다. 다행히 그가 중앙에서 활동할 때는 이미 대원군의 섭정이 끝난 후라 비교적 자유스러운 몸이 되어 민영익과 가까운 사이가 되었으니, 어디를 가든지 비교적 자유스러운 활동을 하였다. 순교자의 집안에서 성장했기 때문에 조선 천주교 역사에 대해서는 그 누구보다도 자세하게 이야기할 수 있는 사람이 됐다.

그 후 이수정은 출판사의 부탁을 받고 강연을 준비하고 또 시간 나는 대로 원고를 정리하여 드디어 『천주교입조선사실』(天主敎入朝鮮事實)이란 책이 육합잡지사(六合雜誌社)에서 출간되었다. 이수정이 쓴 책은 자연히 잘 팔려 나갔다. 일본에서도 이미 조선과 같이 천주교 신자를 헤아릴 수 없을 정도로 많이 처형시켰기 때문에 그 당시 사람들은 너무나 잘 알고 있었다. 더욱이 신앙을 버릴 수 없다고 버티었던 천주교 신자들은 절간에 가서 보살 하나를 마리아 상으로 정해 놓고 그 앞에서 마리아 상을 향해 경배하였다. 소위 이들을 가르쳐서 가꾸래다 기리시탄(숨어 있는 천주교 신자)이라고 불렀다. 일·불조약(日佛條約)이 체결되었다는 소식을 들었던 숨어 있는 천주교 신자 2만 명이 지상으로 올라와 공공장소에서 미사 행위를 하였다. 이 일로 숨어 있던 천주교 교인들이 처형을 당하자 프랑스 영사들이 일본 정부에 항의하여 비로소 신앙의 자유를 얻을 수 있었다.

이수정의 강연이 끝나면 그의 강연을 듣고 있던 어떤 회중은 일본 천주교 탄압사를 이야기하였다. 언제나 이런 이야기가 따라 나오기 마련이었다. 1549년 8월 15일 스페인 소속 사비엘(F. Xavier) 선교사가 일본 야지로의 안내를 받고 규슈 남단 가고시마(鹿兒島)에 처음 상륙하였다. 사비엘 선교사는 히라도(平島), 하까다(博多), 야마구찌(山口)를 차례로 방문하면서 선교를 전개하였

▲ 1549년 8월 15일 최초로 천주교를 일본에 소개했던 사비엘 선교사

다. 야마구찌에서 일본 천황을 만나기 위해 1551년 추운 겨울 교토까지 가서 그를 상면하였지만 너무나 초라하여 더 이상 말도 못하고 철수하고, 야마구찌에 잠시 머물렀다. 때마침 성주 다이묘(大名)인 오우찌가 빈 절간을 한 채 주어서 그곳에서 약 2개월 간 머물며 선교를 하였는데 500명에게 세례를 베풀어 천주교 신자가 됐다. 그 후 사비엘은 중국 선교에 대한 열정을 갖고 중국으로 향하였다.

그가 일본을 떠난 지 얼마 안 된 16세기 무렵 오다 노부나가(織田行長) 장군이 일본을 통일시키고 선교의 자유를 허락하자, 천주교 신부들은 교토에 천주당과 신학교를 설립하였다. 그러나 그 후 도요토미(豊信秀吉)가 정권을 잡자 천주교를 탄압했고, 더욱이 임진왜란을 일으켰던 그는 조선 포로들을 많이 체포해 갔다. 그런데 이들이 규슈 남단 나가사끼(長崎), 시마바라(島原) 등지에서 신부들의 선교를 받고 예수를 구주로 영접하였다. 이들의 신앙은 놀라울 정도로 성장하였으며, 다시 정권을 도꾸가와(德川家康) 장군이 장악하면서 수많은 천주교인을 처형시켰다.

나는 이러한 순교의 현장을 답사하기 위해서 2004년 7월 8일에서 11일까지 나가사끼, 운젠(雲仙) 온천, 시마바라 반도와 사비엘이 최초로 상륙했던 가고시마까지 갔다 온 일이 있었다. 현장을 목격했던 일본선교회(KJEM)가 주관하는 팀에 참여했던 일행들은 모두 다 놀라고 말았다. 조선인 포로가 됐던 일본인 천주교 신자를 가리지 않고

▲ 임진왜란시에 포로되었던 조선인이 신자가 되어 일본 천주교신자와 함께 운젠 온천에 처형시킨 장소

모두 같은 방법으로 사형시킨 현장을 보고 온 후 오늘날 이렇게 일본이 잘살 수 있는 것은 80만 명이 순교한 결과라고 모두들 생각하고

3부 | 이수정의 선교사 유치 운동

그곳에서 큰 은혜를 받았다.

    이수정은 1884년 9월부터 도쿄외국어학교 교수로 임명을 받고 조선어를 가르쳤다. 역시 머리가 영리했던 이수정은 가을 학기를 앞두고 조선어 교재를 집필하였다. 집필이 완료되자 곧 출판하였는데, 그 책은 1884년 여름에 발간된 조선어 교과서로 『조선일본선린호화 1권』(朝鮮日本善隣互話1券)이었다. 이 책은 현재 가장 귀중한 책 중에 하나로서 일본 국회도서관에 특(特)이라는 서적 중 하나로 보관되어 귀중품으로 취급받고 있는 책이다. 이 책의 내용은 조선의 지리, 민속, 제도, 법률, 정사, 도학, 문예, 사승(史乘), 물산, 기구 등의 항목으로 나누어 문답식으로 조선을 소개한 책이다. 더욱이 이수정은 이 책으로 일본에 머물면서 한글을 배우는 선교사들에게 가장 중요한 부분을 가르쳐 주기도 하였다. 그 후 이수정은 『메이지자전』(明治字典)이란 책을 발행하기 위해서 원고를 다 정리하였지만, 그가 조선 정부로부터 소환을 당하여 처형된 후인 1887년 일본에서 간행한 책도 이수정이 저술했다고 이름이 확실하게 표시되어 있다.

    한편 이수정은 소책자도 번역하였다. 맥클레이 선교사의 요청으로 번역한 〈감리교 요리문답서〉는 1,000부가 인쇄되어 곧 국내로 유입 반포되었으며 당시 널리 읽히던 〈천도소원=天道遡原〉과 〈랑자회개=浪子悔改〉는 번역되었으나 원고 형태로만 아펜젤러 등에게 전달되었다.(한국기독교사연구회편, 한국기독교의역사1, 165쪽, 서울 : 기독교문사, 1989)

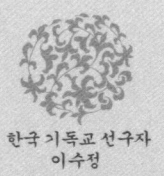

한국 기독교 선구자
이수정

4부 **니지마와의 상면**

4부 니지마와의 상면

1. 일본기독교대회에서 만난 니지마

▲ 도시샤 대학 설립자 니지마 죠

이수정이 니지마를 상면하기는 1883년 5월 제3회 일본기독교회대회에서였다. 니지마도 일본을 탈출하여 미국에서 전도 받아 기독교인이 되었고, 그곳에서 청교도적인 신앙을 전수받아 기독교대학교에서 교육 받고 신학교까지 졸업했다. 그리하여 신앙의 경력이나 학문적인 깊이는 이수정보다 훨씬 훌륭하였지만 이날 강연을 들었던 니지마는 그만 그의 강연에 놀라고 말았다. 니지마는 대학 설립자이면서 신학자로서 신학교에서 신학생을 가르치고 있었지만 그러한 기색을 전혀 내보이지 않았다. 때마침 그 모임 장소에 있었던 사람들 모두 일본 기독교 지도자였기에 누가 누구인줄 몰랐지만 쓰다 박사의 소개로 한 사람씩 얼굴을 기억 할 수 있었다. 쓰다 박사는 자신과 절친하게 지냈던 니지마를 이수정에게 소개하였다.

"리쥬데이 선생님, 이분은 교토에 있는 동지사대학 설립자이며, 그 대학의 책임자인 니지마 목사입니다."

"니지마 선생님, 저는 조선에서 와서 쓰다 박사로부터 성경책을 선물로 받고 그의 인격에 감동 되어 개종을 하였고 결국 여기까지 왔습니다."

"오늘 저는 놀라운 사실을 발견했습니다. 리쥬데이 선생님의 한문 실력과 일본어 실력에 놀라고 말았습니다. 제가 저희 대학과 제가 시무하는 교회에 한번 초청을 하겠습니다."

쓰다 박사의 소개로 뜻하지 않게 니지마를 소개받은 이수정은 조선통신사들이 자주 왕래했던 일본의 수도 교토(京都)를 방문할 수 있는 기회를 갖게 됐다. 그러면 니지마는 어떠한 인물이었을까.

2. 일본을 탈출한 니지마

니지마는 1843년 당시 에도(江戶, 현 東京)에서 하급 무사의 아들로 출생하였다. 니지마도 다른 사람들처럼 미국으로 탈출하기 위해서 영어와 네덜란드어, 산수 및 항해술을 배우고 있었다. 18세가 되던 해에 막부의 군함교습소에 입소하여 항해술을 배우면서 생도 조장으로 활동하였다. 그는 될 수 있는 대로 빨리 해외로 나가 서양의 과학과 기술을 배우고 돌아와 일본 국가 발전을 위해서 일해야 한다고 늘 생각하고 있었다. 니지마에 대한 연구가인 와다(和田洋一) 교수는 『도시샤대학 사상가들 상권』에서 다음과 같이 말하고 있다.

> "21세가 되었을 때에 데우오의 저술인 『로빈슨 크루소 표류기』를 일본어로 번역한 것을 빌려서 읽고 이 책에 나온 해외견문기에 대단한 흥미를 갖게 되었다."

니지마는 일본을 탈출하기 위해서 1864년 홋가이도의 관문인 하꼬다데 항구에서 미국 상선인 베르린 호에 몸을 싣고 일본을 탈출하였다. 1865년 7월 미국에 도착할 때까지 근 1년간 항해를 하면서 매일 같이 일기를 기록하였다. 니지마는 1864년 7월 선원으로부터 성경을 빌려서 읽어 보았다. 이때 일본은 기독교 선교의 자유가 없었기에 성경을 접한다는 것은 상당한 위험이 따른 시기였다.

> 9월 10일에는 선장으로부터 영어성경을 빌려서 읽으면서 항해 생활을 하였다. 때마침 홍콩에 잠시 배가 머문 동안 한역성경을 8불에 구입하였다. 이때 자신이 가지고 있던 칼이 8불에 달하는 값을 가지고 있었는데, 그 칼을 팔아 구입하였으며, 이는 무사도의 신분을 포기한 것이었다. (和田洋一編, 도시샤대학의 사상가들 1권, 20쪽, 도쿄:일본기독교단출판국, 1973)

니지마는 1년 만에 미국 보스턴에 도착하였다. 그가 1년 동안 배 안에서 당한 고생은 말로 다할 수 없을 정도였다. 다행히 미국에 상륙하여서는 선장 하디의 호의로 미국 생활에 대해 보호를 받게 됐다.

니지마는 하디 부부가 그리스도의 사랑으로 자신을 영접해 준 일로 인하여 지난 1년 간 항해의 모든 고생은 다 잊어버리게 됐다. 사실 니지마는 무일푼으로 미국 생활을 하게 됐다. 그러나 그리스도의 사랑으로 대해 주는 하디의 사랑을 잊을 수가 없었다. 역시 와다 교수는 다음과 같이 말하고 있다.

> "니지마가 소개 받은 학교는 하디가 졸업한 후리이피스학교였다. 이 학교에 입학하여 1년간 영어를 배우면서 학교생활을 하게 됐다. 여기에 기숙사에 입사해서 생활할 수 있도록 배려해 준 덕택으로 학업에 열중하게 됐다."

하디의 도움으로 중학교와 고등학교, 아모스대학 과정을 다 이수하고 청교도적인 신앙을 지켜 나가는 안도바신학교에 진학하였다. 장차 일본도 기독교 문화를 접촉하게 되면 잘살 수 있다는 확신이 있었기에 기쁜 마음으로 진학을 하고 3년 간 그 어려운 여건 가운데서도 한번도 좌절하지 않고 열심히 공부했던 결과, 1874년 니지마는 일등을 하여 졸업식에서 강연할 수 있는 기회도 얻게 됐다. 그는 일본 정부의 장학금으로 유학한 것이 아니고 밀항을 하였기에 남다른 노력과 장학금 후원자의 협력으로 좋은 성적을 얻을 수 있었다.

그런데 일본에 메이지 정부가 에도(江戶)성으로 천도한 후 서양의 문물을 시찰하여 일본 근대화에 도움이 되고자 1872년 2월 이와꾸라를 단장으로 하는 시찰단을 보내려고 영어에 능통한 자를 찾던 중 수소문 끝에 니지마가 미국에서 신학을 하고 있다는 소식을 들었다.

그해 5월 일본 정부로부터 유학생 허가증과 여권을 받게 됐다. 니지마는 불법으로 일본을 탈출하였지만 정부는 그의 모든 죄를 소멸해 주고 이와꾸라 시찰단의 통역원으로 일할 수 있도록 배려하였다. (和田洋一編, 도시샤대학의 사상가들 1권, 133쪽)

당시 일본 유학생은 미국에 12명이 있었다. 니지마까지 포함해서 13명의 유학생을 워싱턴에 있는 영사관에서 초청하였다. 이때 니지마는 시찰단의 통역원으로 발탁 받아 일본 정부가 생활비를 전액 부담하였을 뿐 아니라 일정한 보수까지 주기로 약속하였다. 이때 니지마는 비로소 자유인이 되었으며, 그리스도 안에 축복을 받아 이들 일행은 1872년 5월부터 미국의 주요기관을 시찰하고 다시 구라파로 가는 기선에 탑승했다. 9일 간 대서양을 항해하면서 시찰단들이 그렇게 양주를 권하였지만 그는 청교도적인 신앙 안에서 기독교를 배웠기에 단호히 거절하고 무사히 영국에 도착하였다. 영국의 각 기관을 시찰하고 다시 프랑스, 독일, 덴마크, 스위스 등 선진국이라는 국가를 다 안내하였다. 시찰단 일행 중 크리스천이 한 사람도 없었지만, 그는 주일이 되면 꼭 교회에 출석하는 등 신앙의 경건미를 그들에게 보여 주었다.

3. 불교의 본산지에 도시샤대학 설립

구미 시찰단은 일본에까지 무사히 도착하였다. 메이지 정부가 1873년에 기독교 금지령을 해제했다는 소식을 듣고, 그는 일본 정부가 발행한 여권을 갖고 1874년 9월 미국으로 돌아가서 신학교를 졸업하고 미국 조합교회로부터 목사 안수를 받아 일본으로 오게 됐다. 이미 일본에서는 아메리칸 보드 선교회로부터 파송을 받았던 8명의 선교사가 활동하고 있었다. 여기에 니지마가 합세하여 목회자와 함께 일본 지도자들을 양성해야 한다고 강력히 주장하였는데, 이미 8명의 선교사들은 목회자를 양성해야 한다는 니지마의 주장에 합세하였다.

결국 일본을 잘 알고 이미 이와꾸라 시찰단 단원과 교제가 두터웠던 니지마는 교토에 대학을 설립해야 한다고 강력히 주장했고 선교사들이 이에 협력을 했다. 이러한 뜻을 갖고 있었던 니지마에게는 학교를 설립할 위치 선정이 중요하였다. 당시 교토는 인구 30만 명이 되었지만 불교 사찰이 3,000개가 넘고 신사

▲ 도시샤대학 후문에서 보이는 산이 히에산이며, 도시샤대학의 캠퍼스이다.

4부 | 니지마와의 상면

(神社)도 골목마다 설치되어 있었다. 그러나 그는 청교도적인 신앙심이 강하였기에 '히에 산'에 올라가 교토 시내를 바라보면서 학교를 설립할 수 있는 부지를 달라고 기도한 후 내려와서 교토부(京都府) 고문으로 재직하고 있는 야마모도(山本覺馬)를 만나 자신의 뜻을 전하자 그가 자신의 땅을 선뜻 희사하고 나섰다.

> 학교부지는 교토의 요지인 어소(御所)와 소구꾸지(相國寺) 절간 사이에 있는 대지였다. 학교 부지는 해결되었다. (和田洋一, 앞의 책, 178쪽)

도시샤대학이 설립되게 되면 불교와 신사에 영향이 올까봐 두 종교단체에서는 반대를 하였지만 결국 정부로부터 인가를 받고 1875년 11월 29일 문을 열게 되었다. 그런데 기독교의 불모지였던 교토에서 도시샤대학에 학생들이 몰려들었다. 도시샤대학이 처음 문을 열 때

▲ 구마모도양학교 자리 (현재는 일본 적십자사 건물이 있다.)

▲ 구마모도양학교 교장 존스 대위

도시샤영학교라 하였지만 실질적으로 신학을 가르치는 학교였다. 그런데 1876년 3월에는 구마모도양학교(熊本洋學校) 졸업생들 전원이 도시샤영학교에 진학하였다. 구마모도양학교는 구마모도 부호들이 재정을 모아 자녀들에게 새로운 서양학을 가르쳐야 한다면서 이들을 모아 놓고 교육을 시켰다. 모든 학생들이 미국인 존스의 영향을 받고 아침마다 영어성경을 공부하다가 자신들도 예수를 믿겠다며 평생을 예수를 위해서 살기로 서약을 하자, 이들을 가리켜서 구마모도밴드(熊本盟約)라고 불렀다. 신학을 하겠다고 나서자 도시샤영학교에 진학토록 하였다. 여전히 신학은 모두 영어로 강의를 하였기에 구마모도양학교 출신들에게 더 없는 기회라 생각하고 니지마의 정신을 이어받아 일본을 기독교 정신으로 근대화하여 일익을 담당해야 한다고 강조하였다. 이 교파는 미국의 회중교회이며, 일본에서는 구미아이교회(組合敎會)라 불렀다.

 3년 간 신학교육을 받았던 15명의 졸업생들이 전도자로서 일본 각 지역에 파송되어 조합교회를 설립하는 등 개척자의 정신을 갖고 가는 곳마다 교회를 설립하면서 기독교의 평화와 사랑을 전하는 일에 온갖 힘을 쏟고 있을 때, 이수정에게 성경대의를 지도했던 도쿄제일교회(조합교회, 현 레이난사카교회)의 나까다 목사가 도시샤대학 신학부에서 1884년 1년 간 신학을 연구할 수 있는 기회를 얻게 되었다.

4. 니지마와 이수정의 정담

1884년 8월에 이수정에게 성경대의와 일본어를 가르쳤던 은사 나까다 목사가 도시샤대학 신학부에서 1년 간 연구를 하게 되자, 나까다 목사는 이수정을 교토에 초청하도록 니지마 총장에게 요청하였다. 니지마는 나까다 목사로부터 이수정에 대한 이야기를 듣자 귀가 번뜩 뜨였다.

"나까다 목사님, 정말로 리쥬데이 선생님이 교토에 온단 말입니까? 그렇지 않아도 제가 도시샤대학 신학부에 연구차 간다고 했더니 니지마 선생님을 만나서 이야기할 수 있는 기회를 얻었으면 좋겠다는 말을 하였습니다."

"빨리 연락해서 교토에 올 수 있도록 주선을 해주세요. 숙소는 저

▲ 니지마죠 생가 옆에 있는 어소(일본 천황이 살았던 장소)

희 집 2층이 아주 좋습니다. 옛날 일본 천황이 살았던 어소가 한눈에 보여 경치가 그렇게 아름다울 수가 없습니다."

나까다 목사와 니지마 목사의 대화는 끝이 없었다. 결국 니지마 목사는 결단을 내리고 빨리 상경(上京)하도록 하시면 좋겠다고 말했다. 아직도 교토에 사는 교토인들은 교토를 갈 때는 상경(上京)한다고 하고 있으며, 도쿄를 갈 때는 하경(下京) 즉 내려간다고 말을 한다.

나까다 목사는 요꼬하마에서 한글로 성경을 번역하고 있는 루미스 선교사 집으로 전화를 걸었다.

"여보세요, 루미스 선교사님, 리쥬데이 선생님 좀 바꾸어 주세요."

"저, 나까다 목사입니다. 지금 니지마 목사님 댁에서 전화를 하고

▲ 통신사가 머물렀던 삼국사 절간

있습니다. 니지마 목사님을 바꾸어 드리겠습니다."

"저, 리쥬데이 입니다."

"그렇지 않아도 교토에 한번 초청하려고 했는데 아주 잘 되었습니다. 교토는 조선과는 아주 관계가 깊은 도시입니다."

이수정도 니지마에 대해서 남다른 애착을 갖고 있었다. 우선 출생년도가 같다는 사실을 뒤늦게 알게 되었다. 여기에 이수정은 청교도적인 신앙의 훈련을 쓰다 박사로부터 잘 받았다. 다같이 청교도적인 신앙의 기초 위에서 출발했기에 그들의 신앙의 대화는 잘 이루어질 수 있었다. 니지마는 닛보리 일본기독교대회에서 교토를 방문해 달라는 이야기를 듣고 1년 후인 1884년 9월에 교토를 방문할 수 있었다. 여기에 니지마는 이수정이 교토에 올 수 있다는 말에 귀가 번쩍 뜨이면서 한 가지 생각이 떠올랐다. 그것은 통신사의 왕래가 교토였다는 것이다. 일본과의 통신사 왕래는 1603년 도꾸가와막부(德川幕府)의 정치체제에 의해 12회에 걸쳐서 통신사 초청이 성립되었다. 이들은 오사카 항에 도착하여 곧 일본 천황이 머물고 있는 교토를 방문하였다. 교토에 방문하여 어소(御所, 天皇이 거주하는 곳)에서 북쪽으로 향한 길 하나를 건너면 도시샤대학이 있고 그곳에서 100미터쯤 올라가면 쇼고꾸지(相國寺)란 절간이 있는데 이곳에서 통신사들이 머물렀다. 이때 일본 관리들은 조선 유학자들의 휘호를 받아 가려고 줄을 서서 기다렸다는 이야기도 있다. 여기에 조선통신사를 만나기 위해서 에도(江戶)에 있는 막부 정권의 실력자인 도꾸가와 이에야스는 교토 니죠조(二條城)에 있는 성에 머물면서 천황을 상면하고 때로는 조선에서 온 통신사를 접견하기도 하였다. 이 성의 임무 중 또 다른 하나는 어느 성주(다이묘, 大名)가 천황을 만나고 가는지 감시하는 것이었다.

임진왜란 때 조선병사들의 귀와 코를 셀 수 없을 정도로 많이 칼로 베어 소금에 절여서 일본 교토까지 가지고 갔으며, 그 무덤을 가리켜 미미쯔까(耳塚)라고 부른다. 이렇게 역사적으로 수치스러운 일이 있었는가 하면 교토를 도시 계획했던 사람이 고구려 하다씨(秦氏)라고도 말하고 있다.

> 나라(奈朗)에 자리 잡았던 '야마도' 국가는 8세기 말경에 지나친 불교의 영향 때문에 더이상 지탱하지 못하고 794년 나라에서 그리 멀지 않는 교토로 수도를 옮겼다. 이때 고구려에서 온 하다씨가 바둑판처럼 새 도시를 건설하였다. (김달수, 일본 열도에 흐르는 한국 혼, 68쪽, 서울: 동아일보사, 1993)

누구든지 교토를 방문하면 바둑판 도시가 계획되어 있어서 교토 남부지역에서부터 가로로 9조(條)로 시작해서 2조까지 있으며, 세로로 시작해서 동네 이름이 있기 때문에 찾기도 쉽고 도시가 아주 잘 정돈된 곳이기도 하다. 니지마는 어소(御所)에서 그리 멀지 않은 곳에 이수정의 숙소가 있었기 때문에 자신의 집 2층에 짐을 풀게 했다. 그리고 이수정은 니지마의 안내를 받으면서 1개월가량 교토에 머물면서 여러 곳을 구경하였다.

▲ 왕인 박사 묘소를 함께 방문했던 이수정과 니지마

▲ 교토시내에 백제왕 위패를 안치한 백제왕 신사

　이수정은 주일이 되면 니지마가 설립했던 서경공회(西京公會, 현 도시샤대학 교회, 일본문화재)에서 설교를 하였다. 주일 이외의 시간은 답사를 다녔다. 조선통신사가 머물렀다 간 쇼고구찌(相國寺) 절을 비롯해서 3,000개가 넘는 절간이 있는데 다 구경을 못하고 주요한 절간만 구경하였다. 그리고 4세기 후반에 유교문화와 한자를 전해 주었다는 왕인 박사 묘가 있는 히라가따(枚方)까지 답사를 하였다. 교토는 신라가 삼국을 통일하자 나라를 잃은 구다라(百濟) 왕손과 고구려 왕손들이 살았던 곳이다. 교토 시내에 백제신사, 고구려신사가 여기저기 자리를 잡고 있는 이유가 이 때문이다. 이수정은 니지마의 특별한 배려로 시간 가는 줄 모르게 지냈다. 그런데 니지마와 이수정은 대화를 나누는 가운데 새로운 사실 하나를 발견하였다.

"리쥬데이 선생은 몇 년도 생입니까?"

"저요, 1843년 5월 24일 생입니다."

"저는 1843년 1월 14일 생입니다."

이렇게 이들은 나이를 말하면서 마치 이산가족이 만난 것처럼 정답게 대화를 이어갔다. 니지마는 일본에서, 이수정은 조선에서 출생하였다. 그 후부터는 친형제처럼 지내면서 니지마는 도시샤대학을 교토에 설립한 이유를 설명하였다.

▲ 도시샤대학 정문

"교토에서 일본의 천황이 살고 있는 저기 보이는 저 집을 어소(御所)라고 말합니다. 그리고 며칠 전에 다녀왔던 쇼고꾸지는 일본의 종교를 상징하는 대표적인 불교 사원입니다. 일본이 하나님의 축복을 받으려면 어소와 불교의 맥을 예수 그리스도의 정신으로 끊어야 합니다. 그래서 어소와 쇼고꾸지 절간 사이에 도시샤대학을 설립하였습니다."

이 말을 듣고 있던 이수정은 연방 고개를 끄덕거렸다. 그러면서 그는 앞으로 하나님의 축복을 받을 수 있다는 확신을 그에게 전하면서 힘을 보태 주었다. 이미 다 소개하였지만 니지마는 일본을 탈출하여 이국 땅 미국에서 기독교를 만나 기독교로 개종하였으며, 이수정은 신사유람단 비수행원으로 일본에 와서 기독교로 개종하였다. 이들 두 사람은 밤이 깊은 줄도 모르고 서로 이야기를 주고받았다. 니지마가 미국의 청교도 정신을 소개할 때 이수정은 연방 "아멘." 하면

▲ 한국기독교성지순례선교회 전문위원들이 니지마죠 생가를 방문

▲ 니지마죠 생가(이수정 병풍이 보관된 장소)

서 그로부터 신앙에 대한 많은 이야기를 들었다.

어느덧 1개월 간의 시일은 지나가 버렸지만 마지막 송별의 밤을 보내면서 굳게 손목을 잡고 하나님께 기도를 드렸다.

"하나님, 하루 속히 일본과 조선이 예수의 복음을 듣고 모두 하나님의 축복을 받고 살았으면 좋겠습니다. 다시는 임진왜란과 같은 무서운 전쟁도 없게 해주시고 믿음의 형제가 될 수 있도록 도와주시고 조선에도 기독교대학은 물론 교회도 많이 설립될 수 있도록, 하나님을 신봉하는 각국에서 많은 선교사를 보내 주시면 감사하겠습니다. 아멘."

니지마 목사와 서경교회 교인들과 도시샤대학 학생들의 특별한 사랑을 많이 받았던 이수정은 교토를 그냥 빠져나올 수가 없어서 한시로 자신의 신앙 고백이나 다름없는 글을 남기기 위해서 니지마 목사에게 부탁을 하였다.

이수정 유품인 족자가 보관된 방 ▲

"선생님, 제가 여기까지 왔으니 글을 남겨 놓고 가겠습니다. 우선 먹과 벼루, 붓, 종이를 준비해 주시면 감사하겠습니다."

니지마 목사는 사무직원을 불러서 이수정이 부탁한 것을 모두 준비해 놓고 있었다. 이수정은 서경공회 형제자매들에게 글을 써 내려가고 있었다. 니지마 목사는 그의 글 솜씨에 다시 한번 놀라고 말았다.

"혼도니 스바라시 데스네(정말로 훌륭합니다)."

이렇게 씌어진 글씨가 이수정 씨의 유품으로 니지마 목사의 집에 남겨지고, 그는 루미스 선교사가 머물고 있는 요꼬하마를 향하였다. 그가 남긴 한시 족자에는 그의 신앙 고백이라 말할 수 있는 내용이 담겨져 있으며, 이수정의 유일한 유품이 현재 니지마의 생가 아래층에 자리 잡고 있다. 그 시를 한글로 해석하면 다음과 같다.

* * * *

사람에게 하나님을 믿는 마음이 있는 것은
나무에 뿌리가 있는 것과 같고
사랑함과 측은한 마음이 없으면
그 나무 뿌리가 마름과 같도다.
사랑하는 마음은 물과 같아서 뿌리를 윤택케 하나니
가을과 겨울에 나뭇잎이 떨어져도
그 뿌리가 마르지 아니 하느니라
항상 봄과 같아서 싹이 나고 꽃이 만발하여

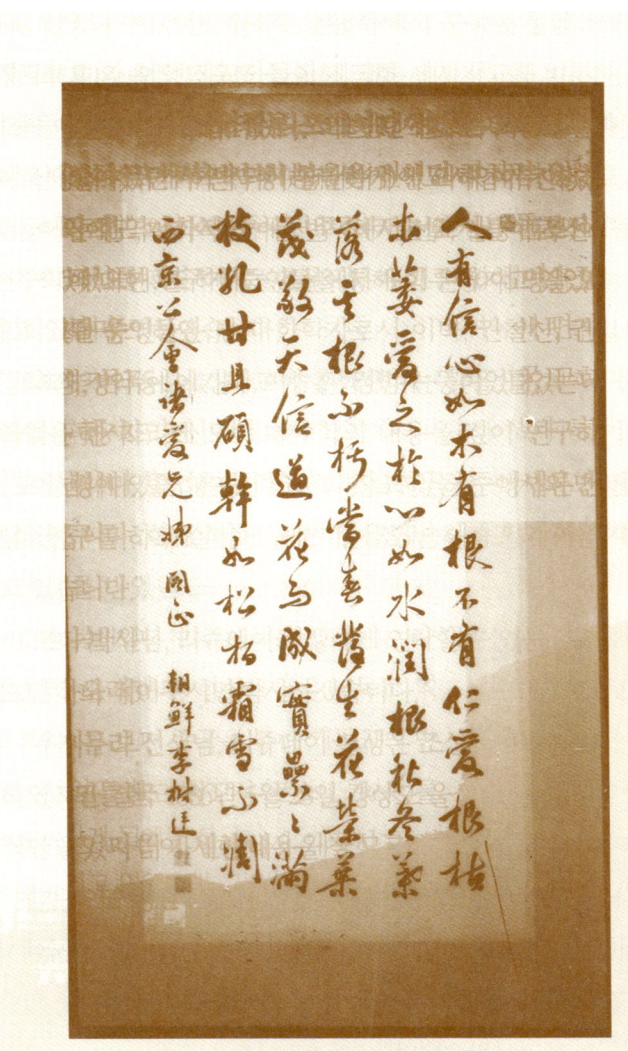
▲ 니지마죠 생가에 있는 유일한 이수정 유품

그 잎이 무성하도다.
하나님을 공경하고 말씀을 믿으면 꽃이 피고
얽히고 설킨 가지마다 열매가 가득하니
그 깊음이 있고 심히 크고 달도다.
그 몸통은 소나무와 잣나무 같아서
눈과 서리가 와도 가히 시들게 하지 못하느니라.

서경공회(西京公會, 필자 주: 현 도시샤대학교회)
형제자매들에게/圓心 朝鮮 李樹廷

* * * *

    이러한 한시가 있다는 말을 듣고 나는 2002년 7월말에 한국에서 일본 교토로 가서 이수정의 유일한 유품 족자를 찾아 나섰다. 도시샤대학에서 유학생활을 하면서 니지마의 생가에 몇 번 가본 일이 있기에 쉽게 찾아갈 수 있었다. 니지마 생가쪽 방향을 보는 순간 관광객들이 왔다 갔다 하는 모습을 보고 '이제 됐다.'고 생각하고 쏜살같이 달려갔다. 숨도 제대로 고르지 못한 채 입구 안내에 도착하였다.
    "저는 도시샤대학 대학원 전기박사과정을 졸업한 한국에서 온 김수진 목사입니다. 여기 한국인 이수정의 병풍이 있다는 말을 듣고 이곳까지 찾아왔습니다."
    그리고 명함을 건네주었다.

"이미 관람시간이 다 마감됐습니다. 그러나 여기 책임자에게 여쭈어 보겠습니다. 잠깐만 여기서 기다려 주세요."

그 안내원은 내 모습을 몇 번이고 쳐다보면서 쏜살같이 책임자를 만나서 나를 책임자에게 소개시켰다. 나는 책임자의 안내를 받아 니지마의 생가(生家) 1층

▲ 서경공회(현 동지사교회)

방 코너에 자리 잡고 있는, 자물쇠로 굳게 잠겨져 있는 방 앞에 다다랐다. 책임자는 두꺼운 열쇠로 자물쇠를 열어 제쳤다. 그 순간 석양에 넘어가는 햇살은 유난히도 그 방을 내쏟고 있었다.

이수정이 쓴 병풍의 한자를 보는 순간 나는 넋을 잃고 말았다.

"역시 한국이 낳은 위대한 한학자였구나!"

"일본에서 이 정도의 글씨를 쓰려면 몇 년 정도 걸려야 쓸 수 있을까요?"

하고 나는 물었다.

"글쎄요. 일본 한학자들이 감정한 결과 30년 정도는 되어야 한다고 합니다."

나는 이 말에 다시 한번 깜작 놀라고 말았다. 그리고 생각했다.

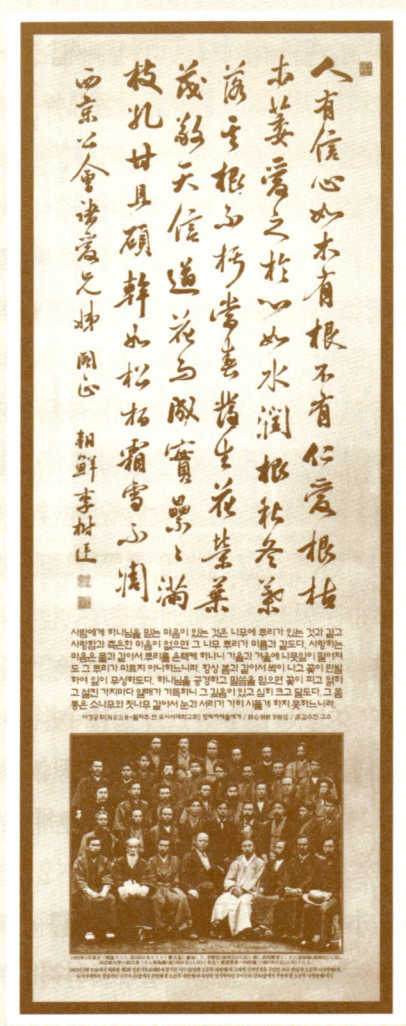

▲ 이수정 족자와 해설

'그러기에 이 글이 그 유명한 도시샤대학 창설자 니지마 생가에 보관되어 학자들에게만 공개하는구나.'

나는 숨도 제대로 쉬지 않고 플래시를 터뜨리면서 연방 카메라 셔터를 눌러댔다. 혹시라도 실수로 필름에 담겨지지 않으면 어쩌나 하는 염려 때문이었다. 나를 안내했던 책임자는 나의 그런 진지한 모습에 꽤나 놀랐던 것 같다. 한편 나는 이 일에 너무 심취한 나머지, 그를 돌아보는 순간 어느새 그의 얼굴이 이수정의 얼굴로 변화한 듯한 느낌을 받았다. 그리고 그의 안내로 이수정이 쓴 한시 병풍을 뒤로 두고 그 방을 나오게 됐다.

여기 소개한 이수정의 한시는 일본 교토에 있는 도시샤대학 창립자 니지마죠의 문화재 저택에 자리를 잡고 있던 것을 2000년 11월 교토에 모모야마(挑山)학원대학 다이다(太田雅夫) 명예교수가 우연히 발견해서 일본 학계에서는 큰 화제가 됐다. 그리고 이를 다가시로비(多賀城碑)의 석본(石本)과 함께 하나의 병풍으로 만들어 니지마 부인의 8조의 다다미방으로 구성된 차실(茶室) 한쪽 구석에 두 쪽 가리개로 잘 보관되어 있다.

이수정의 한시를 읽어보면 그의 신앙이 얼마나 깊었는지를 잘 알 수 있다. 나는 그 시를 보면서 이수정과 대화를 나누는 듯한 환상 속에서 니지마의 생가를 나왔다. 그리고 그 다음날 간사이공항에서 비행기에 탑승하고 서울 집에까지 무사히 도착하였다. 사진기에 담았던 필름을 현상했는데 사진이 너무나 선명하게 나왔기에 일간지인 국민일보에 이 사실을 알렸더니 2002년 8월 19일자 신문 전면에 제3

회 일본기독교지도자대회 시 이수정과 함께 촬영했던 사진과 니지마 생가, 니지마 사진, 여기에 촬영해 왔던 족자 한시를 실어 처음으로 한국에 공개하였다.

그 후 진흥문화사에서 한국기독교성지순례선교회 전문위원회(회장 박경진 장로, 전문위원장 김수진 목사)를 조직하고 2005년 1월 11일부터 14일까지 처음으로 이수정의 행적을 찾아 나섰다. 이때 진흥문화사에서는 이수정이란 인물이 어떤 인물이었는가를 확실하게 보여 줄 필요성을 느껴 한 장짜리 족자를 제작하였다. 위쪽은 한시 원형 그대로 제작하였고, 그 밑에는 한글로 내가 해석한 글씨를 넣었다. 바로 밑에는 1883년 5월 도쿄에서 개최했던 일본 기독교지도자대회에 참석했던 인물 사진을 실어서 깨끗하게 제작하여 가는 곳마다 회장인 박경진 장로가 이를 전달하였다.

나는 이수정이 세례를 받았던 시바교회를 수없이 다녔지만 이러

▲ 교토에 있는 귀무덤

한 족자를 들고 가기는 처음이었다. 나는 새로 부임한 야마모도 목사에게 우리 일행이 방문한다고 미리 연락하였다. 우리 일행이 도쿄 한국YMCA 호텔에 짐을 풀었기에 일행들이 아침 일찍 니혼바시(日本橋)에서 긴자센(銀座線) 전철을 타고 도라노몬(虎/門)역에서 내려 삼화은행 골목으로 200미터 들어갔다. 때마침 야마모도 목사와 시바교회 임역원들이 우리 일행을 기다리고 있었다. 도착하자마자 1층에서 간단하게 인사를 교환하고 한국에서 제작했던 족자를 선물로 전해 주자 시바교회 교인들은 모두 놀라고 말았다. 시바교회에서 세례 받았던 이수정이 앞줄 중앙에 앉아 있는 모습을 보자 야마모도 목사는 때마침 시바교회에서 보관하고 있던 그 사진을 가지고 나와서 일일이 소개를 했다. 우리는 즐거운 대화 시간을 갖고 그곳을 나왔다.

우리 일행들은 일본에서 최초로 설립했다는 요꼬하마가이칸교회를 방문하여 역시 그 교회의 구보(久保義宣) 목사와 요꼬하마장로

요꼬하마가이칸교회 방문시 회장 박경진 장로, 도카 목사, 구보 목사, 김수진 목사(좌측부터) ▲

교회 도까(登家勝也) 목사에게도 족자를 전달하였다.

"여기 김수진 선생은 매년 신학생을 인솔해서 저희 교회를 꼭 방문하는데 이번에는 이처럼 이수정이 쓴 한시와 함께 사진이 있는 족자를 가지고 오셔서 대단히 감사합니다."

때마침 요꼬하마장로교회 도카 목사가 함께 자리를 해주어서 구보 목사의 일본어를 한국어로 통역해 주었는데, 이에 모두 놀라고 말았다. 특별히 도카 목사는 혼자서 한국어를 공부한 한국통이며, 언제나 내가 인솔해 가는 신학생, 목사들에게 요꼬하마에 대해서 자세하게 안내하는 목사이기도 하다. 이수정 족자를 받은 구보 목사는 우리 일행에게 이수정과 요꼬하마가이칸교회에 대해서 설명하고 나섰다.

"이수정 선생은 가끔 이 교회 예배에 출석도 하고, 때로는 루미스 선교사, 헵번 선교사와 함께 예배를 드리기도 하였습니다. 또 놀라운 사실은 한국에 갈 선교사들이 이수정 선생의 안내를 받아 이 교회에서 일본인과 함께 예배를 드렸다는 것이었습니다."

도카 목사는 우리 일행을 인솔하여 이수정의 행적을 찾아 마가복음서를 인쇄했던 복음인쇄소 자리로 안내하였다. 그리고 다시 가나가와에 성불사, 종흥사 등을 돌아보고 도카 목사와 헤어지는 인사를 나누고 우리 일행은 하네다 공항을 향해 떠났다. 하네다 공항에서 오사카 이따미 공항으로 이동하여 교토로 향하였다. 교토에서 하룻밤을 지내고 교토교회 박용수 목사와 교토남부교회 양상진 목사의 협력으로 귀무덤을 잠시 답사하고 도시샤대학을 방문하였다. 옛 서경공회라고 불렸던 도시샤교회를 방문하고 윤동주 시비를 본 후 니지마의 생가로 향하였다.

그런데 큰 기대를 가지고 간 그날이 마침 휴관일이어서 이수정이 남긴 유일한 족자를 보지 못하고 니지마의 생가 앞에서 기념사진을 촬영한 후 오사까 코리안 타운을 마지막으로 구경하고 오사카교회와 후세교회를 각각 방문하였다. 우리 일행은 가는 곳마다 이수정 족자를 선물로 전달하였다. 이 족자를 받아 본 일본 교회나 도시샤대학이나 한국인 교회에서도 이에 대한 대단한 관심을 갖고 있는 것을 보면서 마음 뿌듯함을 느낄 수 있었다.

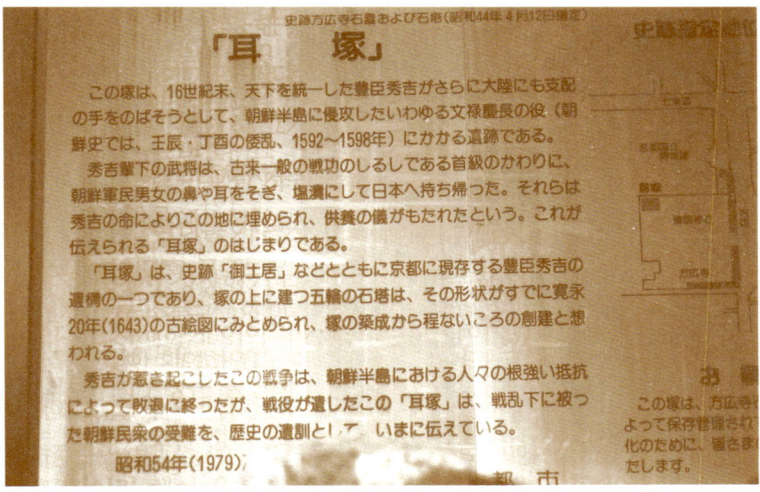

▲ 귀무덤 안내판

16세기말 일본을 통일했던 도요토미는 대륙을 지배하기 위해 조선 반도를 침략하였다. 조선에서는 이 침략을 임진・정유재란(1592~1598)이라고 말하고 있다. 이때 일본에서는 불교신자로 구성된 가또부대와 기리시단(천주교)신자로 구성된 고니시 부대가 조선을 침략하여 삽시간에 전국을 지배하였다. 그러나 각지에서 의병들이 일어나 왜군을 물리치고 있었으며, 이때 외군은 조선남녀의 귀와 코를 잘라 소금에 절여가지고 왔을 때 도요토미는 경도시내에 땅을 파고 묻어버렸다. 이 무덤을 가르켜 귀무덤(미미즈까)이라 부르고 있다. 그동안 방치되어 왔던 이 무덤을 1979년 경도시가 단장을 해서 조선민중의 수난을 역사적 교훈으로 남기고 싶어서 정비를 하였다. 이때 죽어서 코를 짤린 사람이 20만 명 가까이 된다고 한다.

4부 | 니지마와의 상면

한국 기독교 선구자
이수정

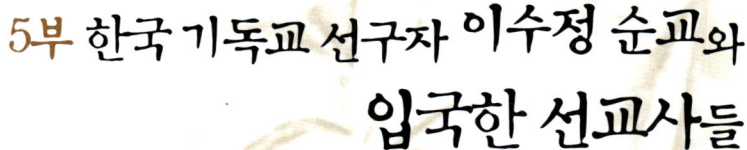

5부 한국 기독교 선구자 이수정 순교와 입국한 선교사들

5부 한국 기독교 선구자 이수정 순교와 입국한 선교사들

1. 순교자 이수정

이수정이 한국 기독교의 선구자임에는 다같이 공감하고 있다. 그가 일본에서 했던 선교사 유치운동으로 인하여 2006년 현재 한국 기독교의 짧은 역사 속에서도 전체 인구의 24%가 기독교 신자가 되었다고 모두들 소리를 모으고 있다. 더욱이 중국은 1807년에 런던선교회 선교사 모리슨에 의해 기독교 선교가 시작되었다. 일본은 미국 북장로교 헵번 선교사가 1859년 자국민을 위해서 요꼬하마에서 출발하여 1872년에 최초로 교회가 설립되었다. 한국은 이수정이 1882년 신사유람단의 비수행원으로 도일하여 일본의 농학자 쓰다 박사의 전도를 받고 기독교를 접한 후 선교사 유치운동을 하여, 그를 통하여 1884년 9월 20일 미국 북장로교 알렌이 의사로 입국하였으며, 1885년 4월 5일 아펜젤러, 언더우드 선교사들이 한국에 와서 교육과 병원 사업을 하다가 선교의 자유를 누리면서 활동하게 되었다.

이 3개국 중에 기독교가 꽃을 피우고 있는 국가는 바로 한국이다. 늦게 복음을 받았는데도 불구하고 이런 열매를 맺을 수 있었던 이유가 어디에 있을까. 그 이유는 다른 데 있지 않다. 많은 학자들은 바로 한국에 기독교를 전하기 위해서 선교사 유치운동을 했던 이수정이 1886년 5월 28일 강제소환을 받고 경상도 울산에서 처형되었던 그 결실로 이루어진 것이라고 말한다. 반면 부정적으로 말하는 사람들도 있다.

우선 이광린의 저서 『한국개화연구』라는 책이 일조각출판사에서 1969년에 발간되었다. 그 책 235쪽에는 "귀국 즉시 처형됐다."고 기록되었다. 백낙준 박사의 저서 『한국개신교사』에는 다음과 같이 말하고 있다.

> 일본 측 기록에서 이씨가 귀국 즉시 처형되었다고 보고하고 있다.
> (백낙준, 한국개신교회사, 95쪽, 서울 : 연세대학교 출판부, 1973)

그가 처형된 이유는 어디에 있을까. 그 당시 조선의 실력자는 민영익이었다. 그러한 그가 그를 처형시켰을 이유는 없으리라고 생각된다. 다만 그가 일본에서 생활하고 있는 동안에 김옥균과는 가까운 사이에 있었지만 김옥균 파에 의해 암살당했을 지 모르겠다고 말하고 있다. 오윤태 목사는 그의 저서에서 다음과 같이 말하고 있다.

이수정은 도쿄생활 4년에 영원불멸의 큰 업적을 남겨 놓은 것처럼, 고국으로 돌아오는 길에서도 박준우에게 전도하여 신자가 되게 함으로써 구원의 열매를 맺게 했으며, 나중에는 죽음을 통하여 큰 공적을 남겨 놓았다. (중략) 이수정의 죽음이 얼마나 가치가 있었는가 하는 것을 재삼 음미하며 탄복하였다. 이수정의 지상 생명은 50세 미만이었으나 그의 생애는 값진 생애요, 한국 기독교 역사상 영원히 빛나는 별일 것이다. (오윤태, 앞의책, 276쪽)

그렇다. 한국 교회는 그의 순교로 한국 전체 인구의 1/4에 해당되는 1,200만 명이 신자가 될 수 있었고, 이로써 이수정의 생애가 값있는 생애요, 한국 기독교 역사상에 영원히 빛나는 별이 되었다는 것을 증명한다고 말하는 것은 이수정이 "한 알의 밀알이 되어 땅에 떨어져 죽지 아니하면 한 알 그대로 있고 죽으면 많은 열매를 맺느니라." (요한복음 12: 24-25)는 말씀대로 자기자신을 이 민족의 구원을 위해서 순교한 결과인 것이다.

2. 이수정을 순교자라고 증언하는 학자들과 일본인 목사

내가 오윤태 목사와 처음 상면했을 때는 1973년 9월 일본 교토에 있는 도시샤대학 대학원에서 신학박사전기과정(한국에는 신학석사과정)에서 연구 생활을 하던 때였다. 고향이 전라도라고 말했더니 옥과를 아느냐고 묻기에 옥과를 가보지는 않았지만 전라남도 곡성군에 있는 옥과를 말하느냐 물었더니 "그래 그 옥과야." 하면서 도시샤 대학 중앙도서관에 이수정 자료가 혹시 있을 것 같아서 왔다고 했다. 그러면서 그동안 모은 이수정의 자료를 내놓고 설명하는 그 모습이 얼마나 열정적인지 학문을 연구하는 나로서는 놀라지 않을 수 없었다.

"이수정과 니지마와는 아주 가까운 사이였고 해서 혹시 무슨 자료가 있을 것 같아 교토에 왔습니다."

나는 방학을 맞이하여 동경에 갈 때마다 오윤태 목사가 시무하는 동경교회에 방문하였다. 그곳에 가서 오윤태 목사가 모아 놓은 각종 자료, 그중에도 이수정에 관한 자료를 볼 수 있었다. 나는 오윤태 목사가 그 자료들을 잠깐 보여 주고 다시 서류함에 넣은 후 이수정에 대한 설명에 놀라지 않을 수 없었다.

"김 목사님, 장로회신학대학교를 졸업하셨지요?"

▲ 시바교회를 방문한 장로회신학대학교 대학원생들과 시바교회 교인들

▲ 시바교회 이나가끼 목사가 필자에게 이수정은 순교자라고 설명하고 있다.

"네, 맞습니다."

"이종성 박사가 동경신학대학을 졸업하고 재일대한기독교회에서 목사안수를 받았습니다. 그분이 제가 시무한 교회에 왔기에 장로회신학대학교에서 '이수정 학술강좌'를 개최할 수 있도록 재정적으로 지원을 하겠다고 약속을 하였습니다. 당시 이종성 박사는 학장으로 재직하고 있어 이 일을 기쁘게 생각하고 '이수정 학술강좌'를 개설하겠다고 약속하였습니다."

이종성 학장은 약속대로 1974년 10월 '제1회 이수정 기념강좌'를 장로회신학대학교에서 개최하였으며, 이수정학술강좌를 매년 실시하여 8회까지 실시했던 일이 있었다.(1981. 10. 24) 그 후 재정적인 지원이 없어 더 이상 학술강좌를 실시하지 못했다. 제1회 이수정학술강좌 강사로 나선 오윤태 목사는 '이수정'은 한국 기독교의 선구자이며, 순교자가 되었다고 몇 번이고 강조하였다. (사나미, 우에무라와 그의 시대 2권, 578-579쪽, H. Loomis Friend of the East by Clara, Denison Loomis Things Korea, 81쪽, 오윤태, 앞의 책, 197쪽)

한국에서 '이수정학술강좌'가 더이상 계속되지 못하고 있음을 안타깝게 여기던 군자교회(최옥자 목사)와 세종선교회(주영하 이사장)는 1985년 12월 1일 동경교회 오윤태 목사를 초청하여 1985년 12월 1일 '이수정기념예배'를 거행하였다.

나는 장신대대학원(목회학석사과정)과 신대원에서 한국교회사, 또는 한·일교회사 강의가 끝나면 수강생을 인솔하여 이수정의 발자취를 찾아 나섰는데, 그 일을 1989년부터 시작하여 매년 1년에 1회 또는 2회씩 현재까지 진행하고 있다. 최근에는 한국기독교성지순례선교회가 조직되면서 2005년 1월에 전문위원을 인솔하여 역시 이수

▲ 이수정을 순교자라고 말하는 시바교회의 이나가끼 목사

정의 발자취를 추적하면서 그의 행적을 더듬어 보았다. 이때도 이수정이 세례를 받았던 시바교회를 방문하였었다. 그러나 60여 년 동안 이 교회에서 목회한 이나가끼(稻桓德子) 여자 목사는 연세가 많아서 은퇴하고 현재는 나가노현에 있는 노인복지 쉼터에서 여생을 보내

고 있으며, 새로 부임한 야마모도 목사가 동북지방의 중심지인 센다이교회에 새로 부임을 하였다.

이미 야마모도 목사는 이나가끼 목사로부터 나에 대한 이야기를 들었기에 마치 옛날 친구대하듯 우리 일행을 반가이 맞아 주었다. 이나가끼 목사는 이미 이수정이 세례 받은 명부와 조선에서 소환 명령을 받고 순교했다는 이야기를 늘 자랑스럽게 했었다. 그리고 더욱 놀라운 일은 시바교회에서 이수정과 일본개신교회사를 연구하라고 연구비까지 지원했던 일이 있었다. 그 연구비로 홍성사에서 『일본개신교회사』라는 책을 출간하였다.

대한예수교장로회총회(합동측)에서 발행한 김요나의 『순교자전기1권』에 이수정을 소개할 때 이나가끼 목사의 글을 받은 일이 있었다. 이나가끼 목사가 쓴 격려사 글을 소개하면 다음과 같다.

이수정은 끝내 순교로서 죽은 일이다. 그는 귀국하여 동포들에게 복음을 전하기 위하여 활동하려고 했으나 그의 국경과 민족의 차를 초월한 넓은 마음을 이해 못한 관헌에 의해 체포되어 순교의 길로 갔던 것이다. 주님이 다메섹 도상에서 사울에게 하신 말씀이 기억난다. "이 사람은 내 이름을 이방인과 임금들과 이스라엘 자손들 앞에 전하기 위하여 택한 나의 그릇이라 그가 내 이름을 위하여 해를 얼마나 받아야 할 것을 내가 그에게 보이리라." 그리고 최초의 순교자 스데반이, "주여 이 죄를 저들에게 돌리지 마옵소서." 기도하고 잠들었다는 것이 생각난다. 이수정 씨는 실로 하나님께서 선택한 그릇이었다. 그 시대 조선과 일본을 무대로 짧은 시기 동안 그는 주님의 충실한 종이 되어 십자가를 지고 복음을 전하였으며, 그에게 부과된 일을 성취시켰던 것이다. 한 알의 밀알이 땅에 떨어져 썩어 많은 열매를 맺은 것이다. 예장(합동) 총회 순교자기념사업회에서는 이수정을 순교자로 인정하고 있는 것으로 보아 보수정통신학을 자랑하는 그 교단에서 인정한 것은 순교했다는 사실을 역사적으로 인정한 것이다. (김요나, 앞의 책, 294-295쪽)

3. 입국했던 선교사들의 활동

1) 알렌 의료 선교사

이미 미국 북장로교 해외선교부에서는 중국에 많은 선교사를 파송하였다. 중국에서 선교사로 1년 간 활동했던 알렌(H. N. Allen) 의료 선교사는 1883년 10월 선교사로 파송을 받고 상해를 중심으로 해서 남경을 오고 가면서 의료 선교활동을 하였지만 좋은 결과를 가져오지 못하고 얼마 동안 환경

▲ 민영익을 치료하고 광혜원을 개원한 알렌 의사

에 적응하지 못하고 있을 때 뜻하지 않게 미국 북장로교 해외선교부로부터 1884년 9월 조선으로 임지를 이동하라는 전달이 왔다. 이 일은 이수정이 일본에서 벌인 선교사 유치운동의 일환으로 이루어졌는데, 미국 북장로교 해외선교부에서는 1884년 1월에 헤론을 조선 선교사 1호로 임명해 놓고 준비하고 있던 중 뜻하지 않게 알렌의 소식

▲ 선교사 제물포 도착. 1885년 4월 5일, 부활절 오후 한국에 최초로 도착하는 복음 선교사들과 당시 제물포의 광경

을 접하고 알렌을 제2호 선교사로 파송하였다.

이 소식을 들은 알렌은 조선에 선교사로 가게 되었으며, 바로 1884년 9월 20일 인천 제물포항에 도착하였다. 이로써 알렌이 의료 선교사로서는 최초의 입국자가 됐다. 당시 초대 미국 공사로 있던 푸트의 주선으로 선교사의 신분을 감춘 채 공사관 부속 의사로 활동하였다. 이 무렵 푸트 공사는 조선 정부에 알릴 필요가 있어서 알렌을 대동하고 궁궐에 들어갔었다.

"푸트 공사님, 지금 소개한 알렌 의사 선생님은 선교사가 아닌가요?"

"예, 알렌 의사 선생님은 미국 공사관 소속 의사입니다. 절대로 선교사는 아니니까, 마음을 푹 놓으시기를 바랍니다."

첫 대면을 하고 나왔던 알렌은 의료 선교사인 줄 알고 왔는데 공사관 소속 의사라는 말에 약간 실망을 가졌지만 언젠가는 선교할 수 있는 기회가 있으리라고 믿고 궁궐을 빠져 나와 숙소로 돌아왔다. 그가 도착한 지 얼마 안 된 1884년 12월 4일 갑신정변이 일어났다. 이때 민비의 조카요, 수구파의 실력자로 알려졌던 민영익이 개화파의 칼에 찔려 부상을 입었는데 거의 빈사상태에 놓이게 됐다. 이때 많은 한의사들이 그를 치료하겠다고 나섰지만 푸트 공사와 독일 몰렌토프 공사의 주선으로 고종의 허락을 얻고 알렌이 집도를 맡았다. 이때 알렌은 하나님께 무릎을 꿇고 간절한 마음으로 기도를 한 후 집도를 하였다.

다행히 그의 상처가 아물면서 그의 건강이 차차 회복되었다. 얼마 후에 완치되어 가는 모습을 보고 알렌 의사는 몇 번이고 "하나님의 섭리를 생각하면 생각할수록 놀랍습니다."라고 말했다. 민영익이 건강을 되찾게 되자 고종은 두 공사와 함께 알렌 의사를 궁궐로 초청하였다. 이들은 궁궐에서 준비한 음식으로 극진히 대접 받았고, 알렌 선교사는 10만 냥의 사례금을 받음과 동시에 고종의 주치의가 되었다.

한편 1885년 1월 미국 공사 소속 포크 중위를 통해 국립병원 설립안을 만들어 고종을 상면하여 그 계획안을 내놓자 그 계획안을 검토했던 궁궐에서는 모두들 좋다는 의견을 수렴하여 국립병원을 세우기로 하였다. 때마침 갑신정변 때 살해된 홍영식 집을 수리하여 그 집에 광혜원이란 간판을 걸고 1885년 4월 10일 개원을 하였다. 이 광혜원(廣惠院)이 한국 기독교 역사에 영원히 남을 한 장을 차지하게

▲ 광혜원. 미국 선교의사 알렌에 의하여 1885년 4월 10일 개원. 우리나라 최초의 근대식 병원이었고 왕립병원이었으며 현재 연세의료원의 전신이다.

됐다. 이 얼마나 놀라운 하나님의 섭리인가 하고 알렌은 눈물을 흘리면서 다시 한번 감사의 기도를 드렸다.

이러한 사실들을 알렌은 곧 미국 북장로교 해외선교부에 보고하였다. 이러한 보고를 받은 선교부에서는 알렌이 원장이 됐다는 소식에 감격하여 왕실에 사용할 각종 의료기 일체를 부담하였다. 고종은 병원 명칭을 광혜원(후에 제중원 濟衆院, 현 세브란스병원)이라는 이름을 하사했으며, 20여 명의 직원까지 배정해 주기까지 했다.

병원이 개원했다는 소식이 알려지자 환자들이 몰리기 시작하였으며, 다행히 미국 북감리교 선교사 스크랜턴(W. B. Scranton), 북장로교 선교사 헤론(J. W. Heron) 등이 입국하면서 광혜원은 활기를 띠기 시작하였다. 불행하게도 알렌은 한국 선교에 큰 공적을 세웠지만 본국 정부의 요청에 의해 선교사의 자격을 잠시 접어두고 주미조선공사관으로 부임하였다.

2) 아펜젤러 선교사 부부

아펜젤러 선교사 부부와 언더우드 선교사는 일본에서 이수정을 만나 그를 통하여 한글을 배웠다. 그때 배웠던 기초가 조선 선교에 큰 힘이

▲ 아펜젤러가 입국 할 당시의 인천항

됐다. 아펜젤러 선교사 부부와 언더우드 선교사는 부산을 거쳐 1885년 4월 5일 오후 3시경에 인천 제물포항에 도착했다. 이들은 양손에 이수정이 번역했던 "마가복음서"를 들고 힘있게 조선 땅을 내딛었다. 흔히들 조선에 장로교가 부흥 성장한 이유는 언더우드가 먼저 인천 제물포에 발을 디뎠기 때문이라고 말들 하고 있지만 이 말은 전혀 근거가 없는 말이다. 당시 인천 제물포에 먼저 내렸던 사람은 아펜젤러 부인이었고, 그 다음이 아펜젤러 그리고 언더우드가 차례로 내렸다.

아펜젤러 부부는 그 감격스러움을 혼자서 간직할 수가 없어서 미국 감리교 선교본부에 편지를 보냈다. "우리는 부활절에 이곳에 도착했습니다. 이날 죽음의 빗장을 산산이 부순 그분께서 이 사람들을

▲ 아펜젤러 선교사비

▲ 아펜젤러 선교사

묶은 줄을 끊으시고 그들을 하나님의 자녀로서 빛과 자유를 누릴 수 있도록 이끌어 주시길 기도합니다." 일본에서 함께 떠났던 회중교회 목사 스커더, 테일러 등도 이때 제물포항에 상륙하였다. 이들을 영접하기 위해서 미국 폴크 영사가 인천까지 왔으며, 인천에 왔던 푸트 영사는 1884년 12월 4일 갑신정변으로 아직 나라가 안정되지 않았기에 아펜젤러 부부가 서울에 오는 것을 연기해 달라는 요청을 하였으며, 일본에 있다가 정세가 안정되었을 때 다시 입국했으면 좋겠다는 말을 남겼다.

회중교회 목사와 언더우드 선교사는 폴크 영사의 안내를 받으면서 한양으로 향하였으며, 아펜젤러 부부는 일본인이 운영하는 대불호텔에 머물게 되었다. 곧 정세가 호전될 줄 알았던 아펜젤러 선교사는 그럴 기미가 전혀 보이지 않자 4월 13일 미국으로 편지를 보내고 다시 일본으로 가게 됐다. 일본 나가사끼에 도착한 이들 부부는 나가사끼 주재 미국 선교사들의 안내를 받으면서 기리시단(천주교 교인)

의 순교 현장이었던 니시시카와 운젠 온천에서 역시 많은 조선인 기리시단이 순교했던 현장을 돌아보고 새로운 결심을 갖게 됐다.

다행히 폴크 영사로부터 서신이 왔다. 이제는 나라가 안정되어 가니, 입국을 해도 임신한 부인에게 아무런 영향이 없을 것 같다는 내용이었다. 연락을 받은 아펜젤러 부부는 나가사끼에서 인천 제물포항으로 가는 배를 타고 스크랜턴(W. B. Scranton) 선교사 가족과 함께 1885년 6월 20일 인천 제물포에 도착하였다. 그러나 아펜젤러는 서울에 집이 마련될 때까지 인천에 머물다가 7월 19일에야 그렇게 고대하던 집이 마련되자 정동에 안착하게 됐다.

이미 인천에 도착했던 스크랜턴 선교사는 1885년 5월 3일 서울에 안착하는 데 성공했었다. 그러나 그의 가족들은 6월 20일에 제물포에 상륙하였다. 아펜젤러 선교사나 언더우드 선교사는 입국 목적이

▲ 1885년 건립된 배재학당. 미국 북감리회 소속선교사 아펜젤러에 의해 세워진 한국 최초 남학교

교육 사업이었기에 그 목적대로 아펜젤러 선교사는 8월에 배재학당(현 배재중·고등학교) 문을 열고 신식교육을 실시하였다. 젊은 청년들이 영어를 배우기 위해서 배재학당 문을 노크하며 모여들기 시작하였다.

▲ 정동교회. 1887년 아펜젤러 선교사에 의해 설립되었고 본 예배당은 1897년 벽돌로 신축된 건물이다.

　　1887년 9월에 언더우드는 정동장로교회(현 새문안교회)를 설립하였으며, 이 교회가 한국장로교회의 모교회가 됐다. 같은 해 10월 아펜젤러가 정동감리교회(현 정동제일교회)를 설립하고 조선인을 상대로 예배를 드린 것이 한국 감리교회의 첫 예배이며, 모교회이기도 하다. 그의 선교 열정은 이것으로 끝나지 않고 1890년 언더우드, 스크랜턴 선교사와 함께 조선성서번역위원회를 조직하여 이수정이 번역했던 마가복음과 로스 역인 요한복음, 누가복음을 참고하여 신구약성서 전체를 번역하는 일에 힘을 쏟았다.

그런데 아깝게도 1902년 6월 11일 목포에서 모이는 조선성서번역위원회에 출석키 위해서 인천에서 배를 타고 목포를 향하여 가던 중, 군산 앞바다 어청도 근해에서 기소가와 마루와 구마가와 마루인 일본 상선끼리 충돌하고 말았다. 이때 아펜젤러 선교사는 구명대를 착용하고 일단 선실에서 나왔지만, 정신여학교 로티 교장의 부탁으로 동행한 여학생의 고향인 목포를 함께 가던 자신의 조수인 조성규가 보이지 않자 구명하기 위해서 배 밑창까지 내려갔다. 그러나 결국 구출하지 못하고 그들과 함께 죽음을 만나고 말았다. 그의 시신이 바다 수면으로 떠오를까 하여 3일 간 어청도 근방에서 시신을 찾아보았지만 끝내 찾지를 못하고 시신 없이 서울에서 45세의 아까운 나이에 장례식을 거행해야 하는 일이 발생하였다. 아펜젤러 선교사는 "친구를 위하여 목숨을 버리면 이에 더 큰 사랑이 없느니라."는 성경 말씀을

▲ 한국선교 120주년을 맞이하여 아펜젤러 순교 103주년 추모예배를 마치고 아펜젤러 기념비에 추모하고 있는 한국기독교성지순례선교회 회원 일동

실천하다가 삶을 마감하였다. 그 후 그의 자녀들이 모두 한국 선교사로 나와 아버지의 뒤를 이어 배재학당과 이화학당 등지에서 활동하였다. 양화진에서 편히 쉬어야 할 무덤이 없음을 안타깝게 여겼던 배재학당 동문들이 그를 잊을 수가 없어서 양화진에 시신 없이 아펜젤러 기념비를 세웠다.

한국기독교성지순례선교회(회장 박경진 장로) 이사 및 전문위원들이 아펜젤러 선교사의 희생적인 삶을 추모하기 위해서 2005년 6월 21일 양화진에 있는 한국기독교선교센타 강당에서 103주년 아펜젤러 선교사 추모예배를 드렸다.

3) 언더우드 선교사

일본 요꼬하마에서 이수정으로부터 한글을 배웠던 언더우드 선교사는 1885년 4월 5일 아펜젤러와 함께 인천에 상륙하였다. 인천 대불호텔에서 2일간 머물렀다가 독신으로 입국을 하였기에 쉽게 한양에 들어올 수 있었다. 미국에서 목사 안수를 받고 조선에 선교사로 떠난다고 말했을 때 주위 사람들이 어떻게 독신으로 이역만리 외국까지 갈

▲ 1884년 7월 28일 한국 선교사로 임명받은 언더우드 목사

수 있느냐고 걱정이 많았다. 그런데 그 독신이 복이 되어 한양에 입성한 지 사흘 만인 4월 10일부터 알렌이 원장으로 있는 광혜원에 자리를 잡고 광혜원에서 의학 공부를 하고 있는 조선 청년들에게 화학

과 과학을 가르쳤다.

이미 일본 요꼬하마에서 이수정으로부터 기초적인 한글을 배웠지만 너무나 어려운 말들이 많아 조선에 입국하여 따로 어학 교사를 두고 열심히 배운 결과 우리말로 설교할 수 있을 정도의 실력을 갖추고 있었다. 그의 입국 목적은 교육 사업이었기에 1886년 정동 자신의 집에 번개비라는 별명이 붙은, 김규식이라는 6살 된 고아 1명을 놓고 고아원 겸 언더우드학당(현 경신중, 고등학교)을 개설하여 운영하였다. 이 번개비가 그 유명한 김규식 박사이다. 그는 언더우드 아들 원한경과 함께 집에 기거하면서 형제처럼 자랐으며, 언제든지 원한경은 김규식을 부를 때 형이라 불렀다. 이러한 관계로 언더우드 선교사는 두 형제를 두게 됐다. 김규식은 후에 새문안교회의 초대 장로가 되었다.

▲ 1886년 언더우드 박사가 창설한 고아원 및 언더우드학당. 이는 조선에 대한 그의 봉사와 교육사업의 시발로 언더우드 학당은 조선 최초의 고아원으로 개원하였고 이어서 교육을 시작하였고 후일 경신중·고등학교의 모체가 되었다.

5부 | 한국 기독교 선구자 이수정 순교와 입국한 선교사들

언더우드는 한글을 기초부터 잘 배워 두어서, 1889년에는 한국어 문법과 "한영사전"을 편찬, 발간하였다. 정동장로교회에서 예배를 드릴 때마다 불편을 느꼈던 언더우드 선교사는 한국 찬송가를 제작하여 낱장으로 부르다가 1893년 찬송가 130장을 번역, 출판하여 찬송가의 선구자적인 일을 해내기도 하였다.

언더우드는 안식년을 맞이한 1891년 9월 미국 시카고에 있는 맥코믹신학교에서 한국 선교보고 강연을 하였다. 역시 같은 해 11월에는 네쉬빌에서 모이는 전국신학생선교대회 강사로 초빙을 받고 강연을 하면서 한국 선교의 긴박성을 역설하자 미국 남장로교 선교사들이 한국 선교에 참여하여 1892년 11월에 최초로 7명이 호남지방을 배정 받고 한국에서 가장 성공적인 교회로 성장시키는 데 공헌하였다. 더욱이 이수정의 고향이 전라도라는 데에 다시 한번 놀랐다고 한다.

언더우드 선교사는 경신학당을 더 발전시켜야 한다면서 1915년에 경신학당 대학부를 설립하고 당시 고양군 연희면 신촌에 19만 평을 매입하고 연희전문학교를 설립하였다. 그러나 과로가 겹쳐 더 한국에 머물지 못하고 1916년 미국 고향에서 58세의 나이로 삶을 마감하였다. 그의 아들 원한경의 부인이 해방 후 남북 이념 갈등으로 좌익 학생에 의해 1949년 3월 17일 삶을 마감하자 양화진에 그의 시신을 안장하였다. 미국 고향에서 삶을 마감했던 언더우드 선교사 부부의 시신은 그들의 유언대로 1999년 고향에서 한국 양화진으로 이전하여 양화진에는 언더우드의 가족이 한 자리에 모이게 되었다. 여길 지나가

▲ 새문안교회. 1887년 언더우드 선교사의 집에 모인 14명의 신도로 시작된 교회. 본 예배당은 1910년도에 건립된 것

▲ 치원관. 경신대학부로 1915년 시작된 연희전문학교(현 연세대학교)가 경기도 고양군 연희면 신촌리에 세운 목조건물. 1918년에 완공. 6·25전란 중 폭격으로 완파됨

는 순례객들이 그 자리에 서서 가족의 묘를 보면서 모두들 그들의 삶을 통해서 한국 교회가 이렇게 성장하고 연세대학교가 한국 굴지의 대학이 된 것은 결코 우연한 것이 아님을 말하고 있다.

4) 스크랜턴 가(家)

▲ 상동 시병원을 세운 스크랜튼 의사

이미 앞에서 언급했던 대로 스크랜턴은 의사면서 목사였기에 그에 대한 기대는 대단하였다. 스크랜턴은 서울에 도착하자 곧 정동에 자리를 잡고 알렌이 운영하는 광혜원에서 1개월 간 함께 일하였다. 그의 부인과 그의 딸, 어머니는 1885년 6월 20일에 제물포에 도착하였다. 스크랜턴 선교사는 광혜원에서 일하는 것보다는 따로 병원을 개원

▲ 이화학당을 세운 스크랜튼 여사   ▲ 스크랜튼 여사비

하여 많은 환자를 돌봐주기 위해서 수없이 하나님께 기도하던 중 정동에 있는 자신의 집을 일부 개조하여 1885년 9월 10일 개원하였다. 환자들이 수도 없이 밀려오는 모습을 본 스크랜턴은 병원을 더 확장했고, 그가 열심히 일한다는 소문이 고종에게까지 알려지게 되자 1887년 시병원(施病院)이란 병원 명칭을 하사하였다. 후에 동대문으로 이전하였다가 다시 상동으

로 옮겼다.

스크랜턴 어머니(M. F. Scranton)도 아들 못지않게 열심히 개인 전도에 힘을 쏟았다. 1886년 어느 날 그의 어머니가 서대문 근방에서 개인 전도를 하고 있었다. 그런데 서대문에서 뜻하지 않은 사건을 만나게 됐다. 어떤 여자가 가마니 한 장을 깔고 다른 가마니로는 이불을 삼아 덮고 있는 모습을 보았다. 전도지를 전해 주려고 가까이 갔는데 그 여인은 고열에 신음하고 있었으며, 그의 자녀는 어린아이여서 어머니에게 아무런 도움이 되지 못했다. 이러한 광경을 보았던 스크랜턴 어머니는 그 여인을 아들 병원에 즉시 입원시키고 어린 여자아이는 자기 집으로 데리고 갔다. 이 아이를 데리고 시작했던 일이 이화학당의 시초가 됐다. 이후 이화학당은 조선에서 수많은 여성들을 양성하여 많은 인재를 배출시켰다.

스크랜턴 선교사 부부나 그의 어머니는 요꼬하마에서 만난 루미

▲ 스크랜튼 선교사 고배, 양관, 해성병원

▲ 이화학당. 1886년 미국 북감리회 소속 여선교사 메리 스크랜톤이 당시 민비로부터 하사 받아 세운 우리 나라 최초의 여성 교육기관

▲ 보구여관. 1887년 스크랜톤 여선교사가 이화학당을 설립, 1898년 동대문 부근에 부녀자만을 위한 전문 진료소를 개설하여 고루한 유교사상에 젖어 있던 한국인 부녀자들에게 많은 의료혜택을 주었다. 현 이화 여대부속병원의 전신

▲ 상동교회. 1889년에 세워진 민족운동의 요람이었던 감리교회. 본 건물은 1901년에 건축된 옛 예배당 모습

스 선교사의 통역으로 들었던 이수정의 조선 역사 이야기가 사실임을 알고, 더 열심히 조선 사람들을 섬겨서 일본처럼 문화를 향상시키겠다는 강한 의지를 다졌다. 이러한 일로 인하여 스크랜턴 선교사는 철저하게 가난한 자, 그리고 소외받는 자가 있는 지역을 찾아 나선 것이 상동지역이었다. 이 지역에 대지를 매입하고 병원도 개설하고 교회도 설립하였는데, 그 교회가 1888년에 설립된 상동교회이다. 다시 스크랜턴은 소외받고 있는 애오개(현 아현동)에 선한사마리아병원을 개설하였으며, 1889년에 아현감리교회를 설립하였다.

스크랜턴의 어머니는 1909년 77세의 나이로 한국에서 삶을 마감하자 그의 제자들이 크게 애도하였고 그의 시신을 양화진에 안장하였다. 그의 아들 스크랜턴은 1907년 미국 감리교 해외선교부와 갈등 관계로 선교사를 사퇴하고 성공회 쪽으로 이명 해 가면서 한국 감리교회와의 관계는 멀어지기 시작하였다. 그는 일본으로 건너가 고베에서 독자적으로 병원 선교를 하다가 1922년 일본 고베에서 삶을 마감하였다.

5) 헤론 의료 선교사

미국 북장로교 해외선교부에서는 알렌 의료 선교사가 1884년 9월 20일에 입국하였지만 조선 의료 선교사로 임명 받고 준비 중에 있던 선교사는 헤론(J. W. Heron, 惠論)이다. 헤론 선교사는 1884년 봄에 조선 선교사로 임명을 받았기에 흔히들 조선 선교사 제1호라고 말하고 있다. 이런 이유로 1884년 가을, 미국 샌프란시스코에서 일본 요꼬하마로 가는 배에 승선하여 부인과 함께 갑판에 올라가 조선 사람을 위해서 많은 기도를 드렸다.

▲ 제중원에서 봉사한 헤론 의사

헤론이 그렇게 기도할 수밖에 없었던 것은 그가 〈The Missionary Review of World〉에 게재된 이수정의 선교사 유치운동에 관한 글을 읽고 그 누구보다도 먼저 선교사로 지원하였기 때문이다. 사실 그는 테네시대학 의학부에서 최우등생으로 졸업하였기에 대학 당국에서는 교수로 남아 달라고 요청하였

▲ 헤론 의사비

다. 그런 그가 그 좋은 자리를 접어 두고 미지의 나라 조선을 택한 이유는 바로 가난한 조선 백성에게 복음을 전하는 데 말씀 뿐만 아니라 의술이 필요하다는 것을 알았기 때문이다.

일본 요꼬하마에 도착한 헤론 의료 선교사는 헵번, 루미스 선교사의 영접을 받으면서 헵번의 집에 머물게 되었다. 때마침 이수정은 루미스의 부탁으로 마가복음서를 번역하고 있었기에 루미스 선교사는 곧 이수정에게 연락을 하였다.

"리쥬데이 선생님, 미국에서 선생님의 선교사 유치운동에 관한 글을 읽고 조선 선교사로 자원한 헤론 선교사가 얼마 전 요꼬하마에 도착하여 헵번 선교사님 집에 머물고 있습니다."

"루미스 선교사님, 제가 곧 가겠습니다."

이수정은 자신의 선교사 유치운동의 글을 읽고 조선 선교사로 지원했다는 말에 너무나 감격하여 한참 동안 고국 하늘을 쳐다보면서 몇 번이고 하나님께 감사의 기도를 하였다.

"헤론 선교사님, 이분이 바로 리쥬데이 선생님입니다."

"제가 조선 사람 리쥬데이라고 합니다."

이렇게 하여 극적으로 요꼬하마에서 만난 두 사람은 루미스 선교사의 통역을 통해서 서로 대화할 수 있는 좋은 기회를 갖게 되었다. 헤론 선교사에게 있어 우선 급선무는 조선어를 배우는 일이었다. 자신을 부른 이수정이 요꼬하마에 머물고 있어서 조선어를 배우는 데는 안성맞춤이었다. 그는 비록 제일 먼저 일본에 도착했지만 서두르지 않고 충분하게 어학 준비를 하여 조선에 가겠다는 생각을 갖고 있었다. 그는 요꼬하마에 있는 동안에 열심히 조선어를 배우면서 조선의 정세를 수시로 접하고 있었다. 때마침 언더우드 선교사로부터 조선에 입국해 달라는 요청을 받고 이수정과 루미스, 헵번 선교사의 전송을 받으면서 요꼬하마를 출발하여 나가사끼를 거쳐서 1885년 6월 21일 부인과 함께 인천 제물포 항에 도착하였다.

헤론은 의사였기에 광혜원 원장 직을 맞고 있는 알렌 선교사와 언더우드 선교사의 영접을 받으면서 한강을 건너 광혜원에 짐을 풀었다. 광혜원은 고종의 특별한 배려로 출발했기 때문에 조선 정부에서도 이에 관심이 많았다. 이미 원장인 알렌은 선교사로 활동하기보다는 외교관으로 활동하고 있었기에 광혜원은 거의 헤론에 의해서 운영되었다.

1887년 알렌이 주미 공사 직을 맞자 그 후임으로 헤론이 광혜원 원장이 되자 병원 이름을 "제중원"으로 바꾸었다. 그가 원장으로 있는 동안에 환자는 헤아릴 수 없을 정도로 밀려왔다. 그가 부임한 지 얼마 안 되어 여름휴가를 남한산성에서 보내고 있었는데, 한밤중에 조수가 말을 타고 헤론 원장을 찾아 왔다.

"원장님, 위급한 환자가 병원에 왔습니다. 빨리 가셔야 합니다."

이 말에 놀란 헤론은 부인을 남한산성 휴양지에 둔 채, 말을 몰고 그 캄캄한 논길, 밭길을 가리지 않고 달리다가 넘어지기도 하면서 황급히 달려갔다. 이러한 과정에서 그만 피로가 겹쳐 광혜원 응급실에 있는 환자를 보지도 못하고, 헤론 자신 또한 그 환자와 함께 응급실에 눕고 말았다. 그러다 결국 회복하지 못하고 1900년 7월 26일 44세의 나이로 부인과 두 자녀를 하나님께 맡기고 생을 마감하였다. 선교사로서는 첫 죽음이었다. 다행히 정부의 배려로, 광혜원 직원과 다른 동료 선교사들의 애도 속에서 양화진에 그의 시신을 묻게 되었다. 그가 조선 선교사로 임명을 받았던 일도 제1호였지만 양화진에 묻힌 것도 제1호가 되었으니 하나님의 섭리는 알 수가 없다. 여기 참으로 묘한 하나님의 섭리가 담겨져 있다. 그 후 양화진은 일제 통치를 받으면서 '경성 외국인 공원묘지'가 되었으며, 조선에서 외국인으로서 활동을 하다가 생을 마감한 자들만의 시신을 안장하는 역사적인 곳이 됐다. 미망인이 된 그의 부인은 게일(J. S. Gale) 선교사와 재혼하여 두 자녀를 키우다가 1908년 결핵으로 사망했고, 남편이 묻힌 양화진에 안장되었다.

4. 한국 기독교 선구자 이수정

내가 한국기독교회사를 연구하면서 애착을 갖게 된 인물 중 이수정은 한 번도 잊은 적이 없는 인물이다. 이미 오윤태 목사가 저술했던『한국기독교사 4권, 선구자 이수정편』이란 책에서 자세한 내용을 접할 수 있었다. 요즘, 없는 것도 있는 것처럼 만들어 놓는 꾸며진 세상에서, 왜 한국 교회는 이수정에 대한 연구를 그동안 방치해 두었을까. 나는 이러한 안타까운 마음을 갖고 이수정에 대한 연구를 위해 기도하면서 지금까지 그 연구를 계속해 왔다. 오윤태 목사로부터 많은 자극을 받았다. 나는 기독교 강연이나, 개 교회의 설교를 초청 받아 가게 되면, 장기간 보관해 온 이수정 족자와 제3회 일본기독교지도자대회 시에 촬영했던 사진과 유일한 유품 족자를 꺼내 들고 한국 기독교 선구자 이수정을 소개하고 그 족자를 교인들이 잘 볼 수 있는 공간에 배치해 놓으라고 부탁하였다.

양화진에는 한국에서 선교사로 활동하다가 여러 가지 질병으로 조선에서 삶을 마감한 선교사들의 무덤이 있다. 여기에는 어린 생명들도 50여 명이나 있다. 이들이 자신의 고국에 있었으면 부모와 함께 잘살 수 있었을 텐데 하는 생각이 늘 마음 한 구석에 빚진 죄인처럼 떠나지 않는다.

그런데 조선에 선교사를 불렀던 이수정의 흔적은 현재 한국 어느 곳에서도 찾을 수 없다. 이제 찾을 수 있는 길은 딱 한 가지다. 그가 불러서 왔던 언더우드 선교사의 무덤 기념비 또는 아펜젤러 선교사 기념비(무덤이 없음) 옆에 '한국 기독교 선구자 이수정 기념비'를 세워 놓는 것이다. 그러면 양화진을 다녀간 모든 사람들이 한국 기독교 역사를 한눈으로 볼 수 있어 좋을 거라는 생각이 든다. 이수정을 높이 평가한 한국교회사학자인 김양선 목사는 이렇게 말하고 있다.

> 이수정이야말로 가장 처음으로 한국에 선교사를 유치한 최대의 공로자이다. (김양선, 앞의 책, 59쪽)

그렇다. 한국교회사학자 김양선 목사가 젊은 후학들에게 들려준 말에 이유가 있다고 본다. 그는 이미 한국교회사를 많이 정리하고, 이수정에 대한 과제를 우리 후학들에게 남겨 놓고 갔다. 여기에 민족

▲ 의자에 앉아 있는 오윤택 목사와 설교하고 있는 김수진 목사

사학자로 널리 알려진 이만열 박사(한국사편찬위원회 위원장)는 『한국기독교수용사연구』라는 저서에서 이수정에 대한 평가를 다음과 같이 말하고 있다.

> 우리는 그를 불타지 않는 등잔 심지, 혹은 잃어버린 지도자로 보기 전에 인간의 연약한 배후에서 역사하시는 하나님께서 어떻게 그를 불러 사용하였는가를 살필 줄 아는 신앙적 역사 인식이 필요하다고 본다. 이 땅 한반도가 암흑에 잠겨 있던 한 시대에 복음의 빛을 주기 위해 택함을 받은 도구였던 이수정은, 조선 선교와 한글 성경번역의 개척자 역할을 감당하고 조용히 역사의 무대에서 사라져 갔다. 그러나 그가 소원했던 '성경을 조선에게'는 한국 기독교 1백 년의 역사 속에서 점차 구현되어 갔다. 이제 역사 속에서 그를 새롭게 조명하려는 우리는 '조선을 성경 위에' 올려놓아야 할 책임과 빚을 민족과 시대 앞에 지고 있는 것이다. (이만열, 한국기독교수용사연구, 141쪽, 서울: 두레시대, 1998)

그렇다. 이제 우리가 할 일은 바로 이수정을 한국 기독교 역사의 한 중심에 세워 놓아야 하는 일이다. 당시 그 무서운 감시 속에서 조금도 두려움 없이 선교사 유치운동을 하고, 유치해서 왔던 선교사들을 일본 요꼬하마에서 만나 그들에게 한글을 가르치고 조선의 여러 가지 문화와 전통을 소개해 준 그 일은 이수정 같은 학자가 아니고는 할 수 없는 일이었다. 이미 그는 순교자의 가문에서 성장했기 때문에 자신이 죽어야 조선에 기독교의 꽃이 피고 열매가 맺을 수 있다는 확신이 있었다. 그랬기에 그는 마가복음서를 번역하여 조선에 입국하는 선교사들의 손에 들려 보냈고, '마지막 한 알의 밀알이 되어 땅에 떨어져 죽음으로 많은 열매를 맺게 된다.'는 사실을 우리에게 가르쳐 준 인물이다.

1. 참고문헌

1) 국내자료

김광수, 한국기독교인물사, 서울: 기독교문사, 1974

――――, 장로회신학대학70년사, 서울: 장로회신대학교, 1971

――――, 한국기독교순교사, 서울: 기독교문사, 1979

――――, 아시아기독교확장사, 서울: 기독교문사, 1973

김달수, 일본열도에 흐르는 한국혼, 서울: 동아일보사, 1993

김수진, 한일교회의 역사, 서울: 대한기독교서회, 1983

――――, 일본개신교회사, 서울: 홍성사, 1992

――――, 중국개신교회사, 서울: 홍성사, 1995

――――, 한국기독교의 발자취, 서울: 한국장로교출판사, 2002

――――, 한국초기선교사들의 이야기, 서울: 한국장로교출판사, 2003

김승태, 박혜진 편, 내한 선교사 총람(1884-1984), 서울: 한국기독교역사연구소, 1994

김양선, 한국기독교사연구, 서울: 기독교문사, 1980

김요나, 순교자전기, 서울: 대한예수교장로회 총회 출판국, 1994

김인수, 한국기독교회사, 서울: 한국장로교출판사, 1994

김인수 엮음, 언더우드 목사의 선교편지(1885-1916), 서울: 장로회신학대학교 출판부, 2002

리진호, 한국성서백년사 1권, 서울: 대한기독교서회, 1996

――――, 책사냥 발자취, 서울: 고려문화사, 2005

민경배, 한국기독교회사, 서울: 대한기독교서회, 1972

박귀용, 믿음으로 떠나는 여행, 경기: 도서출판 누가의길, 2004

박효생, 남대문교회사, 서울: 남대문교회, 1979

상동교회 편, 상동교회110년사, 서울: 상동교회, 1999

안영로, 한국 교회의 선구자 언더우드, 서울: 쿰란출판사, 2002

오윤태, 한국기독교사 4권 선구자 이수정편, 서울: 혜선출판사, 1983

유동식, 재일본한국기독교청년회사, 東京: 재일본한국YMCA, 1990

윤경로, 새문안교회100년사, 서울: 새문안교회, 1995

윤춘병, 한국의 선교의 문을 연 맥클레이 박사의 생애와 사업, 서울: 한국기독교문화원, 1984

──────, 한국감리교회 외국인선교사, 서울: 한국감리교회사학회, 1989

──────, 한국감리교 교회성장사, 서울: 감리교출판사, 1997

이광린, 한국개화사연구, 서울: 일조각, 1969

──────, 한국개신교수용사, 서울: 일조각, 1980

이기백, 한국사신론, 서울: 일조각, 1979

이덕주, 개종이야기, 서울: 전망사, 1990

──────, 개화와 선교의 요람 정동이야기, 서울: 대한기독교서회, 2002

──────, 아현교회110년사, 서울: 밀알기획, 2001

이만열 편, 아펜젤러, 서울: 연세대학교 출판부, 1985

이만열, 옥성득 편역, 언더우드 자료집 1, 서울: 연세대학교 출판부, 2005

이만열, 한국기독교수용사연구, 서울: 두레시대, 1998

이성삼, 한국감리교회사, 서울: 대한기독교감리회본부교육국, 1975

이형근, 한국교회순교자, 서울: 세신문화사, 1992

전택부, 양화진선교사열전, 서울: 홍성사, 2005

정연희, 양화진, 서울: 홍성사, 1992
한국기독교역사연회 편, 한국기독교역사 1권, 서울: 기독교문사, 1989

2) 일본자료

野村耕三, 日本人의 回心, 東京: 新敎出版社, 1976
土肥昭夫, 日本 프로테스탄트사, 東京: 新敎出版社, 1990
─────, 日本 프로테스탄트사론, 東京: 敎文館, 1987
東京外國語學校編, 東京外國語學校沿革, 東京: 東京外國語學校, 1932
明治學院編, 明治學院百年史, 東京: 明治學院出版部, 1977
佐波旦, 우에무라와 그의 시대 2권, 東京: 敎文館, 1938
山本秀煌, 日本基督敎會史, 東京: 일본기독교회사무소, 1929
靑山學院編, 靑山學院90年史, 東京: 靑山學院出版部, 1965
和田洋一, 新島襄, 東京: 日本基督敎團出版局, 1973
芝敎會編, 創立百周年芝敎會年表, 東京: 日本基督敎團芝敎會, 1974
吳允台, 日韓그리스도交流史, 東京: 新敎出版社, 1968
靈南坂敎會編, 靈南坂敎會100年史, 東京: 伊坂美術印刷株式會社, 1979
宮武外骨編纂, 壬午鷄林事變, 東京: 近藤印刷所, 1885
河野仁昭, 캠퍼스年輪, 京都: 同志社大學出版部, 1985
橫浜海岸敎會編, 橫浜海岸敎會百年의 발자취, 橫浜: 小松紙製品株式會社,
　　　　　1972
六合雜誌, 1883. 5月 第34號, 東京: 六合雜誌
─────, 1883. 6月 第35號, 東京: 六合雜誌

―――――, 1883. 8月 第37號, 東京: 六合雜誌

―――――, 1884. 2月 第42號, 東京: 六合雜誌

福音新報, 1883. 3. 31, 東京: 福音新報社

―――――, 1883. 6. 14, 東京: 福音新報社

時事新報, 1886. 5. 10, 東京: 時事新報社

―――――, 1886. 7. 29, 東京: 時事新報社

―――――, 1886. 8. 21, 東京: 時事新報社

七一雜報, 6卷, 1883. 5. 11., 東京: 七一雜報社

―――――, 8卷, 1883. 5. 25., 東京: 七一雜報社

3) 영문자료

H. A. Rhodes, History of Korea Mission Presbyterian Church, Chosen Mission, Presbyterian Church, USA, 1934

The Missionary Review, Nov. 1883

The Missionary Review, Feb. 1884

The Missionary Review, Oct. 1884

The Missionary Review, Dec. 1884

The Missionary Review, Aug. 1885

The Missionary Review, Dec. 1885

The Missionary Review of the World, Dec. 1883

The Foreign Missionary, Jun. 1883

The Foreign Missionary, Jun. 1885

The Foreign Missionary, Sep. 1885

The Foreign Missionary, Vol. XLIII, 1884-1885

The Missionary Review, Mar. 1884

2. 연대표

1549. 08. 15. 스페인 소속 사비엘 선교사 일본 입국

1593. 12. 00. 임진왜란 세스페데스 선교사 조선 경상 웅천 상륙 미사 거행 및 조선인 전도

1597. 02. 06. 도요토미 장군 천주교 신자 탄압 및 조선인 포로 신자 탄압

1614. 00. 00. 도쿠가와 장군 천주교 신부 추방

1784. 02. 00. 이승훈 북경 성당에서 세례 받음

1785. 03. 00. 조선 천주교 탄압

1794. 00. 00. 중국인 주문모 신부 조선 입국으로 조선 천주교 신자 증가

1801. 02. 00. 조선 신유교란으로 천주교 신자 3,000명 순교

1807. 00. 00. 런던선교회 소속 모리슨 선교사 중국에서 선교활동

1831. 09. 09. 로마 천주교 조선교구 설정

1832. 06. 00. 네덜란드 소속 귀출라프 선교사 충청도 홍주 앞바다 고대도 상륙

1831. 09. 09. 일본 유구열도에 상륙하여 일본어를 학습한 후 일본어로 요한 복음을 번역하여 싱가폴에서 출간

1843. 01. 14. 니지마 출생

1843. 05. 00. 이수정 전라도 옥과현(현재는 전남 곡성군 옥과) 유학자 이병규 의 장남 으로 출생

1854. 03. 31. 일·미화친조약 체결
1858. 07. 29. 일·미화친조약에 의해 재일 주재 외국인에 대해 기독교 금지 해제
1859. 06. 29. 미국 성공회 윌리암스 선교사 내일
       10. 18. 미국 북장로교 헵번 선교사 일본 주재 자국민 선교사로 내일
1861. 11. 11. 미국 북장로교 바라 선교사 내일
1863. 02. 00. 헵번숙 개설
1864. 07. 17. 니지마 홋가이도 하꼬다데에서 미국으로 탈출
1866. 09. 00. 영국 런던선교회 소속 토마스 선교사 평양 대동강에서 순교
1867. 08. 29. 에도 막부정권 멸망
1868. 01. 03. 왕정복고
       10. 23. 메이지 연호 사용
1869. 05. 10. 교토에서 도쿄(江戶)로 천도
       08. 06. 야스쿠니 신사 건립
1871. 10. 14. 구마모도양학교 설립
1872. 02. 00. 바라 선교사 바라숙 설립
       03. 10. 바라 선교사 요꼬하마가이깐교회 설립, 요꼬하마벤드형성
       11. 25. 헵번 역 신약성서 마가전, 요한전 출간
1873. 02. 24. 금교 고찰 철거
       06. 11. 미국 감리교 맥클레이 선교사 부임
1874. 02. 02. 미국 성공회 윌리암스 선교사 닛교대학(立敎大學) 설립
       04. 00. 찬미가 발행
       10. 08. 도쿄제일장로교회 설립

1875. 07. 00. 쓰다 도쿄농학사농업학교 설립
　　　 11. 29. 니지마 교토에 도시샤대학 (同志社大學)설립
1876. 01. 00. 쓰다 농업잡지 발간
　　　 01. 26. 쓰다 센과 그 가족이 미국 감리교 소퍼 선교사로부터 세례 받음
　　　 01. 30. 구모도양학교 35명 학생 예수 믿기로 서약하고 구마모도밴드 형성
　　　 02. 26. 조·일수호조약체결
　　　 08. 14. 미국 농학자 클라크 박사 삿보로농학교 교수로 취임
1877. 03. 05. 삿보로농학교 1기생 예수 믿기로 서약. 삿보로밴드형성
　　　 04. 12. 도쿄 개성소와 도쿄의학교를 병합하여 도쿄대학 설립 = 靑山學院大學
　　　 07. 00. 우찌무라 삿보로농학교 입학
1878. 07. 15. 제1회 일본기독교신도대회 개최
1879. 10. 00. 맥클레이 선교사 메도디스트신학교 설립(현 아오야마학원대학)
1881. 08. 00. 이수정 친구 안종수 1차 신사유람으로 도일하여 농학박사 쓰다 상면.
1882. 05. 22. 한·미수교조약 체결
　　　 06. 09. 임오군란 시 이수정 민비를 충주로 피신시킴
　　　 09. 19. 이수정 민비의 생명을 살린 공로로 제2차 신사유람단 비수행원으로 도일
　　　 09. 29. 이수정 일본 요꼬하마에 도착
　　　 10. 00. 이수정 쓰다 박사 상면 시 신약성경을 선물로 받은 후 나까다 목

		사의 인도로 성경대의 교육받음
	12. 25.	이수정 쓰다 박사와 나까다 목사의 안내로 도쿄제일교회에서 성탄절 예배 참석
1883.	04. 29.	일본에 온 지 7개월 만에 일본어로 세례문답에 합격을 하고 야스가와 목사의 집례로 현 시바교회(옛 노월정교회)에서 조선인으로서 최초로 세례 받음
	05. 08.	제3회 일본기독교신도대회 개최 이수정 조선어로 기도
	05. 13.	이수정 일본기독교지도자들과 기념사진 촬영
	07. 00.	이수정 미국 선교사와 일본인 목사의 협조로 선교사 유치운동 전개
		미국 선교잡지에 처음으로 조선을 소개
	07. 15.	방미 사절단 출발(민영익 단장)
	08. 00.	도쿄외국어대학 조선어학 교수로 재직 조선어 교재인 『조선일본선린호화』(朝鮮日本善隣互話) 발간
	11. 06.	미국 감리교 카우처 박사 조선 선교를 위해 미화 2,600불 헌금
	12. 00.	2차로 미국 선교잡지에 선교사 유치운동 기사가 게재
		이 잡지를 보았던 미국 북장로교 해외 선교부 부원인 맥윌리암슨이 선교헌금 5,000불을 내놓게 되면서 조선에 선교사를 파송하게 됨
1884.	봄	헤론 부부는 미국 북장로교 조선 선교사 임명 받음
	06. 24.	주일 미국 감리교 선교사 맥클레이 한양에 도착
	06. 27.	조선 선교를 위해 개화파 김옥균에게 부탁
	07. 03.	고종으로부터 교육과 병원사업 허락받음

09. 00. 이수정 교토 니지마의 초청으로 1개월 간 그와 함께 생활

09. 20. 미국 북장로교 선교사 알렌 의사 입국

가을   헤론 선교사 부부 요꼬하마에 도착

11. 00. 뱁티스트신학교 설립(현 관동학원대학)

12. 00. 이수정 마가복음 완역후 1,000부 발행

12. 04. 갑신정변 사건 발생(일명 우정국 사건)

1885. 01. 00. 루미스 선교사의 도움으로 요꼬하마 복음인쇄소에서 마가복음 1,000부 발간

04. 05. 미국 감리교회 선교사 아펜젤러 부부와 미국 북장로교 언더우드 선교사 인천 제물포항에 마가복음서를 갖고 입국

04. 10. 광혜원 설립(원장 : 알렌)

05. 03. 스크랜턴 선교사 입국

05. 07. 제4회 일본기독교신도대회 개최

06. 20. 아펜젤러 선교사 부부, 스크랜턴 선교사 가족 입국

06. 21. 헤론 선교사 부부 입국

08. 03. 아펜젤러 배재학당 설립

09. 10. 스크랜턴 의사 정동 보구여관(후에 시병원) 설립

00. 00. 안종수, 농정신편 발간, 한성 광인사에서 발간

1886. 05. 16. 센다이신학교 설립(현 동북학원대학)

05. 11. 언더우드 경신학당 설립

05. 28. 이수정 경남 울산에서 처형당함으로 순교

06. 00. 스크랜턴 대부인 이화학당 설립

1887. 06. 00. 엘러스 선교사 정신여학당 설립

09. 27.		언더우드 정동장로교회 설립(현 새문안교회)
10. 09.		아펜젤러 정동감리교회 설립(현 정동제일감리교회)
1889. 06. 24.		스크랜턴 선교사 서대문 시약소 개설
		아현감리교회 설립
1895. 06.		스크랜턴 선교사 상동교회 설립
1896. 02. 00.		안종수 개혁파로 몰려 나주지방에서 의병에 의해 살상
1897. 10. 12.		고종황제 즉위식 국호를 대한제국으로 개칭
1990. 07. 26.		헤론 선교사 사망 양화진에 첫 시신 이장
1902. 06. 11.		아펜젤러 선교사 어청도 근해에서 순교
1907.		스크랜턴 선교사 성공회로 이적
1916. 10. 12.		언더우드 미국에서 사망
1922. 03. 00.		스크랜턴 선교사 일본 고베에서 사망
1985. 04. 05.		인천 제물포에 한국기독교100주년기념탑 보존회에서 건립
1999. 05. 20.		언더우드 선교사의 유언에 따라 양화진에 이장
2005. 01. 11-14.		한국기독교성지순례선교회에서 이수정 행적 답사 차 도쿄, 교토 방문
06. 27.-7.1.		한국기독교성지순례선교회에서 고려문 위치 최초로 발견과 로스역 장소와 용정 명동촌 답사
2005. 06. 21.		한국기독교성지순례선교회 주관으로 아펜젤러 순교 103주년 추모예배
11. 00.		중국요령성 정부에 의해 변문진 철거

집필자 김수진 목사

학력
장로회신학대학교 신학과/단국대학교 영문학과
연세대학교 연합신학대학원
일본 도지사(同志社)대학 대학원 신학박사전기과정(Th.M.)
미국 홀러신학교 목회학박사(D. Min)
미국 코헨대학 대학원 신학박사(Th. D.)

경력
부평대광교회 담임목사 역임
한영신학대학교 교수 역임
익산 황등교회 담임목사 역임
예장(통합)총회교육자원부 총무 역임
장로회신학대학교 신대원 및 대학원 강사 역임
광나루문인회 회장 역임
한세대학교 목회대학원 교수 역임
KNCC 일치위원회 부위원장 역임
KNCC 대표 6개 종단평화위원회 위원 역임
예장(통합)역사위원회 전문위원 및 예장사 집필위원 역임

현재
한국기독교성지순례선교회 전문위원회 위원장
모스크바 장로회신학대학 객원교수
한·일교회역사연구회 회장
중앙총신대학원 학술원 원장

예장(통합)인권위원회 전문위원
한기총(CCK)기독교문화유적지발굴보전위원회 본부장
한국기독교사형폐운동연합회 공동대표
한국찬송가공회 전문위원

저서   한국기독교발자취/아름다운 빈 손 한경직
韓・日敎會의 歷史/한국 초기 선교사들의 이야기
일본개신교회사/중국개신교회사
京都敎會의 歷史/일본기독교발자취
한국교회평신도운동사/호남선교 100년과 그 사역자들
교회성장과 평신도운동/신앙의 거목들(1)
6·25 전란의 순교자들/자랑스러운 순교자
기역자교회이야기/마부 출신 총회장 이자익 이야기
호남지방기독교100년사(전북편)/김제 대창교회100년사
매계교회100년사/익산 고현교회95년사
한국기독교총연합회10년사/익산서두교회100년사
총회를 섬기는 일꾼들/교회란 무엇인가
군산개복교회110년사/목포양동제일교회100년사
목포기독교100년사/KNCC 가정생활위원회 40년사
광주제일교회100년사/서울자양교회70년사
황등교회60년사/광주서림교회60년사
광주초대교회사연구/군산지방초기기독교사연구서 등 다수
(논픽션) 枯木에 샘물이 흐르고(2004년 일본에서 일본어판으로

| 출간)

| 공저 | 한국 기독교의 역사(1,2)/한국기독교회사(호남편)
| | 대한예수교장로교회의 역사(통합측)
| | 일제의 종교 탄압과 한국 교회 저항(순천지방 15인사건)
| | 사형제도 이대로 좋은가

| 역서 | 土肥昭夫의『일본기독교사』
| | 飯沼次朗, 韓晳曦의『한국을 사랑한 일본인 전도자』
| | A. Keberu의『기독교적 인간상』
| | 長俗川保의『이 사람아 노년에 무슨 재미로 사나』

| 편집 | Annual Reports of Presbyterian Church U. S. in Korea Missionary
| | 1권에서 19권까지 편집

한국기독교 선구자
이수정

초판발행	2006년 4월 15일
초판 2쇄	2006년 5월 19일
지은이	김수진
발행인	박경진
펴낸곳	도서출판 진흥
출판등록	1992년 5월 2일 제 5-311호
주소	(130-812)서울특별시 동대문구 신설동 104-8
전화	영업부 2230-5114, 편집부 2230-5155
팩스	영업부 2230-5115, 편집부 2230-5156
전자우편	publ@jh1004.com
홈페이지	www.jh1004.com

ISBN 89-8114-278-5
값 8,000원